Fremdsein
und
Fremdenfeindlichkeit

von

Sebastian Schröder

Tectum Verlag
Marburg 2003

Schröder, Sebastian:
Fremdsein und Fremdenfeindlichkeit
/ von Sebastian Schröder
- Marburg : Tectum Verlag, 2003
ISBN 978-3-8288-8478-6

Tectum Verlag
Marburg 2003

INHALTSVERZEICHNIS

1. Einführung

1.1. Zum Thema

„Am 27. Juli 2000 wurde der Rechtsextremismus entdeckt. Am Abend dieses Tages explodierte an einer S-Bahnstation in Düsseldorf ein Sprengsatz. Er verletzte neun Menschen, darunter sechs aus Osteuropa zugewanderte Juden und tötete ein ungeborenes Kind. Bis heute weiß niemand, wer die scheußliche Tat begangen hat. Es können militante Rechte gewesen sein, aber auch ein Irrer kommt als Täter in Frage. Trotzdem war der 27. Juli ein Stichtag. Allein die Möglichkeit, dass es Rechtsextreme gewesen sein können, setzte einen Mechanismus in Gang, den wir auch von anderen Ereignissen und Entwicklungen kennen. Plötzlich wurde der Rechtsextremismus als gesellschaftliche Wirklichkeit so wahrgenommen wie es sich schon früher gehört hätte. Gleichgültiges Verdrängen wandelte sich in hypergenaues Hinsehen. Seit dem 27. Juli 2000 haben sich Politik und Medien, politische Bildung und Schulen mit diesem Thema so eingehend beschäftigt wie nie zuvor. Und das ist gut so." (Lölhöffel 2000, S. 1) Auch knapp zwei Jahre später hat jene Rechtsextremismusdiskussion nichts an Aktualität verloren, dennoch wird sie heute eher im Hintergrund geführt, vermutlich auch deshalb, weil nach den Anschlägen vom 11. September 2001 der „globale" Terrorismus zum dominierenden Thema der öffentlichen Auseinandersetzung wurde. Vielleicht ist der Rechtsextremismus auch nur ein „Modethema, das regelrechte Konjunkturen und Diskurszyklen kennt, die von seiner Tabuisierung zur Dramatisierung, von seiner Bagatellisierung zur Skandalisierung, von seiner Verdrängung zur Verabsolutierung wechseln" (Butterwegge 2000, S. 13). Doch der Rechtsextremismus macht eine kontinuierliche und vor allem differenzierte Betrachtung notwendig, verbunden mit der Einsicht, dass es sich hier um „ein komplexes und vielschichtiges politisches [und auch gesellschaftliches] Phänomen handelt" (Pfahl-Traughber 2000b, S. 9). Komplexität und Vielschichtigkeit erlauben an dieser Stelle jedoch, nur einen Teil jenes Phänomens zu betrachten. Aus diesem Grund

erfolgt in meiner Arbeit auch eine Beschränkung auf die sozialen Mechanismen des Fremdseins und die dadurch bedingte Fremdenfeindlichkeit als
eine spezifische Form des Umgangs mit dem Fremden. Ohne Auseinandersetzung mit der Fremdenfeindlichkeit und ihrer möglichen Ursachen bzw.
Bedingungen kann und darf diese Rechtsextremismusdiskussion meines
Erachtens nämlich nicht geführt werden. Hierbei gilt natürlich zu berücksichtigen, dass Rechtsextremismus nicht ohne weiteres mit Fremdenfeindlichkeit gleichzusetzen ist und fremdenfeindliche Einstellungen und Hand-
lungsweisen auch nicht zwangsläufig rechtsextremistisch motiviert sein
müssen.

Um dem gewählten Thema gerecht werden zu können, halte ich es für
durchaus angemessen, ein theoretisches Modell mit einer empirischen Betrachtung zu verbinden. Für dieses Vorgehen bietet sich nun eine Dreitei-
lung der Arbeit an.

Der erste und einführende Teil dient dabei überwiegend der Verständnissi-
cherung, um diese zu gewährleisten wird der Umfang dieser Ausführungen
über das übliche Maß hinausgehen. Als Grundlage einer jeden wissenschaftlichen Arbeit muss zunächst eine terminologische Unmissverständ-
lichkeit vorausgesetzt werden können, so bedarf es natürlich auch hier einer
Definition der verwendeten Begriffe. Auf dieser Basis erfolgt gleichzeitig
eine theoretische Kategorisierung des rechten Spektrums, die zudem durch
aktuelle Zahlen ergänzt wird, so dass letztendlich ein Bild zur derzeitigen
Lage in der Bundesrepublik Deutschland erstellt werden kann. Mit dieser
Einführung sollen nicht zuletzt auch die Gründe, die zur Auswahl dieser
Thematik führten, noch einmal verdeutlicht werden.

Nachdem die Grundlagen dieser Arbeit nun geschaffen sein sollten, widmet
sich der zweite Teil der Entwicklung eines theoretischen Modells des
Fremdseins. Dieses Modell soll versuchen zu zeigen, dass das Fremdsein
einer Art universalem Schema sozialer Mechanismen folgt, die jederzeit
und überall zu beobachten sind und in diesem Sinne auch als inter- und intrakulturelle Normalität beschrieben werden können, so zumindest meine
Annahme. Als theoretische Grundlage wird hier insbesondere die Theorie

der Etablierten-Außenseiter-Beziehungen von Elias/Scotson, aber auch Goffmans Theorie zum Stigma Verwendung finden. Auf diese beiden Theorien aufbauend, soll dann das eigentliche theoretische Modell des Fremdseins entwickelt und anschließend auch noch erweitert werden. Um den Anspruch universaler Gültigkeit aufrechterhalten zu können, darf dieses Modell jedoch nur als ein grobes Schema erstellt bzw. begriffen werden. Im konkreten Einzelfall erfordert dies somit eine weitere Spezifikation, die in Abhängigkeit von Situation und Kontext der zu betrachtenden sozialen Welt vorgenommen werden muss. An dieses theoretische Modell des Fremdseins anknüpfend, soll dann im dritten Teil meiner Arbeit die Fremdenfeindlichkeit als eine spezifische Form des Umgangs mit dem Fremden näher betrachtet werden. Kontext und Situation werden hier durch das Beispiel „DDR" bzw. „Ostdeutschland nach 1989" bestimmt. Dieses Beispiel wurde gezielt ausgewählt, da der Schwerpunkt fremdenfeindlicher Gewalttaten nach wie vor in den neuen Bundesländern zu suchen ist, dies werde ich im Folgenden noch nachweisen. Ziel dieser Ausführungen ist ein Erklärungsversuch, der die möglichen Ursachen für das vergleichsweise hohe Maß an Fremdenfeindlichkeit in Ostdeutschland aufzeigen soll. Als empirisches Fundament dient hier eine Art Zustandsbeschreibung zum Umgang mit Fremden in der DDR und in Ostdeutschland nach 1989. Aus einer geschichtlichen Perspektive heraus soll dann in diesem Zusammenhang untersucht werden, ob die Fremdenfeindlichkeit unter anderem als ein Ergebnis mentaler Kontinuität und damit überdauerter Denkstrukturen und Verhaltensmuster gewertet werden kann. Allerdings findet eine Erklärung für das Phänomen der Gewalt nur am Rande Beachtung, da dies meines Erachtens ein zu umfangreicher und vielleicht auch eigenständiger Aspekt dieser Problematik ist. Mit diesem Erklärungsversuch wird zudem keinerlei Anspruch auf Allgemeingültigkeit erhoben, er soll vielmehr als ein unbefangen zu prüfendes Deutungsangebot verstanden werden. Ebenso liegt es mir fern, den Anschein einer territorialen Begrenzung dieser Problematik erwecken zu wollen.

Auch wenn Rechtsextremismus und Fremdenfeindlichkeit bisher nicht immer die angemessene öffentliche Aufmerksamkeit erzielten, die vielleicht notwendig gewesen wäre, so existiert dennoch ein äußerst umfangreiches Angebot an diesbezüglicher Literatur. Durch die Sensibilität dieses Themas wird die Auswahl an brauchbaren Publikationen jedoch eingeschränkt, denn statt einer differenzierten Betrachtung finden sich oftmals nur verharmlosende oder aber dramatisierende Darstellungen. Gleiches gilt auch für die Statistiken zu dieser Problematik, aus diesem Grund finden nur Zahlen aus „seriösen" öffentlichen Quellen Verwendung.

Zu guter letzt hoffe ich, dass meine Arbeit den gestellten Ansprüchen gerecht wird und damit auch einen sinnvollen Beitrag zur Rechtsextremismusdiskussion leisten kann.

1.2. Versuch einer Definition

„Begriffe ordnen die wahrgenommene Umwelt. Sie bezeichnen Gegenstände der Anschauung, die nicht aus sich heraus schon eine bestimmte Begriffsbildung verlangen. Insofern ist Begriffsbildung schon Interpretation" (Neubacher 1994, S. 11). Im Zusammenhang mit dem Thema dieser Arbeit erscheinen die verwendeten Begriffe des Fremdseins und der Fremdenfeindlichkeit auf den ersten Blick sehr eindeutig zu sein. Fremd sind die in Deutschland lebenden Ausländer und die ihnen entgegengebrachte Fremdenfeindlichkeit wird vom Rechtsextremismus getragen und Rechtsextremisten, das sind die Nazis, Faschos, Skinheads und auch die Parteien des rechten Spektrums. Diese Interpretation finden wir tagtäglich in den Gesprächen der Bevölkerung, in den Reden von Politikern aller Couleur und auch in der gesamten Bandbreite der Medien wieder. Doch wenn diese Problematik wirklich so einfach zu erklären sein sollte, warum haben wir dann bis heute noch keine vernünftige Lösung dafür gefunden? Die Anwort hierauf liefert uns die Auseinandersetzung mit dem Thema Fremdenfeindlichkeit, zweifelsohne muss jene im Zusammenhang mit dem Rechtsextremismus betrachtet werden, gerade hier zeigt sich aber, dass es bis heute „keinen überzeugenden Erklärungsansatz, sondern [lediglich] eine Vielzahl von Deutungsmustern gibt, die sich zum Teil widersprechen und wechselseitig ausschließen" (Butterwege 2000, S. 13). Somit existieren zwar unzählige Erklärungen für rechtsextremistische und fremdenfeindliche Tendenzen, daraus resultiert in allerletzter Konsequenz jedoch auch eine Inflation diesbezüglicher Beiträge und eine zunehmende „Unübersichtlichkeit der Forschungslandschaft" (ebd.), eine Ursache hierfür finden wir nicht zuletzt in der terminologischen Unklarheit (vgl. ebd.). In diesem Sinne wird eine begriffliche Klärung im Vorfeld der Arbeit unumgänglich, aus Gründen des Verständnisses wird jene aber über das übliche Maß hinausgehen, denn nur wenn zweifelsfrei klar ist, was die Begriffe meinen, wird der Leser den Ausführungen auch folgen können. Hierzu soll nicht nur die Fremdenfeindlichkeit, sondern auch der Rechtsextremismus an sich begrifflich geklärt und differenziert werden. Gerade die oftmals zu beobachtende terminologische Unsicherheit in Bezug auf den Rechtsextremismus macht an dieser Stelle eine ausführlichere Erläuterung notwendig. Dabei können diese Definitionen aber nur ein Angebot darstellen, zudem soll mit ihrer Hilfe aber auch die Thematik der Arbeit begrenzt und verdeutlicht werden.

1.2.1. Fremdenfeindlichkeit

Wenn wir uns der Fremdenfeindlichkeit nähern wollen, kommen wir nicht umhin zunächst den „Fremden" genauer zu bestimmen. Obwohl der Begriff des Fremden mittlerweile auch ein philosophischer und wissenschaftlicher Grundbegriff zu sein scheint, weisen Nachschlagewerke bis heute keine nennenswerten Einträge auf, ebenso lassen sich auch keine Angaben zur Begriffsgeschichte finden, somit ist es keineswegs verwunderlich, dass der Begriff des Fremden einen vielfältigen diffusen Gebrauch erfährt (vgl. Straub, Garz u. Krüger 2001, S. 3). Fremd ist meines Erachtens immer der, der auf eine etablierte „Raumzeitwelt"[1] (ebd., S. 5) trifft, in diese „ein-

---

[1] Der Terminus „Raumzeitwelt" (Straub, Garz u. Krüger 2001, S. 5) soll an dieser Stelle traditionelle Begriffe wie „Gesellschaft und Gemeinschaft" (vgl. Tönnies 1991, o.S.) oder auch „soziale Umwelt" (vgl. Schütz 1993, o.S.) ersetzen, da er in seiner „Unverbrauchtheit" besonders abstrakt wirkt. Zudem trägt er auch dem „Verhältnis von Raum und Zeit" (Runge 1990, S.15) Rechnung, einem Kriterium, das in diesem Zusammenhang soziale Welten voneinander abgrenzt bzw. unterscheidet.

dringt" und als Folge dessen eine potentielle Gefahr für die dort „etablierte Normalität" (ebd.) darstellt.[2] Jene Raumzeitwelt stützt sich aber keineswegs immer auf klar erkennbare und real existierende Grenzen, sie ist daher oftmals ein Abstraktum und befindet sich im „Besitz" eines sozialen Kollektivs. Eine genaue Definition jener Kollektive ist allerdings nicht möglich, grundlegend ist jedoch, dass sie durch spezifische soziale Gemeinsamkeiten getragen werden, z.B. durch eine gemeinsame Religion, Nationalität, Rasse, Schicht, Herkunft etc., aber auch institutionelle Zughörigkeiten können zur Bildung sozialer Kollektive führen. Davon ausgehend sind wir alle Fremde und zwar immer dann, wenn wir, an einer dieser fremden Raumzeitwelten teilzuhaben versuchen, dies geschieht tagtäglich, unterschiedlich ist hierbei nur welche Auswirkungen unser „Eindringen" hat, die Konsequenzen sind dabei in der Regel vom situativen und sozialen Kontext der jeweiligen Raumzeitwelt abhängig. Das Fremdsein wird damit zur inter- und intrakulturellen Normalität, dies werde ich im Folgenden an Hand einiger Beispiele noch verdeutlichen. Alle Aspekte und Arten des Fremdseins zu berücksichtigen, macht im Rahmen dieser Arbeit natürlich keinen Sinn, d.h., der Fremde muss „ein Gesicht bekommen". In diesem Fall soll es der Fremde im Simmelschen Sinne sein, nämlich der „der heute kommt und morgen bleibt" (Simmel 1987, S. 63), im Zentrum der Betrachtung steht der dauerhaft oder über einen längeren Zeitraum in Deutschland lebende und als Ausländer charakterisierte Mensch, er wird in den folgenden Ausführungen jedoch als Fremder bezeichnet. Damit ist der Begriff des Fremden im Kontext dieser Arbeit nun mit Leben erfüllt, erst auf dieser Basis kann meines Erachtens eine Betrachtung der Fremdenfeindlichkeit erfolgen.

---

[2] Diese Definition des „Fremden" wird im Verlauf der Arbeit noch an Klarheit gewinnen und zum Teil auch relativiert bzw. erweitert werden. Die Formulierungen des „Eindringens" und der „potentiellen Gefahr" sind hierbei völlig bewußt gewählt, da sie die perspektivische Sichtweise der Etablierten symbolisieren sollen, sie meinen jedoch nichts anderes, als den legitimen Versuch des Fremden, an der Raumzeitwelt teilzuhaben.

Der Begriff der Fremdenfeindlichkeit oder auch der Xenophobie wird in der wissenschaftlichen Literatur zum Teil kritisch betrachtet, oft finden sich auch die Ausdrücke Ausländerfeindlichkeit oder Rassismus, die Entscheidung für einen dieser Begriffe ist sicherlich auch von der jeweiligen Perspektive und der Thematik abhängig, im Folgenden möchte ich daher die Auswahl des Begriffes der Fremdenfeindlichkeit begründen.

Im Zuge des sogenannten Wirtschaftswunders in der Bundesrepublik kam es zur Anwerbung südeuropäischer und afrikanischer Gastarbeiter zur Dekkung des Arbeitskräftebedarfes, die in der wirtschaftlichen Krisenphase der 60er Jahre entwickelten Ressentiments gegenüber diesen Arbeitern wurden durch den in diesem Zusammenhang entstandenen Begriff der Ausländerfeindlichkeit charakterisiert (vgl. Butterwege 2000, S. 14). Jener Ausdruck weist jedoch eine entscheidende Schwachstelle auf, er findet nur in Bezug auf die Anfeindung offensichtlich ausländischer Menschen Verwendung, d.h., hiermit kann nur die Negativreaktion eines sozialen Kollektivs auf das „Eindringen" von Fremden – die als Ausländer gekennzeichnet sind – in ihre Raumzeitwelt bezeichnet werden. Konsequenzen, die das Eindringen in andere Raumzeitwelten hat, z.B. in religiös begründete, können mit dem Begriff der Ausländerfeindlichkeit nicht erfaßt werden.[3] Zudem betrifft die Ausländerfeindlichkeit weder alle noch nur Ausländer, in diesem Sinne werden sowohl Nord- und Westeuropäer als auch Nordamerikaner in Deutschland kaum auf Ressentiments stoßen, andererseits werden z.B. eingebürgerte oder als deutsch geborene Farbige, die dem Gesetz nach ja Deutsche sind, nicht als solche, sondern als Ausländer behandelt (vgl. ebd., S. 15). In diesem Sinne erscheint mir nicht nur der Begriff der Ausländerfeindlichkeit, sondern auch des Ausländers unangebracht zu sein, statt des-

---

[3] Der Begriff der Ausländerfeindlichkeit blendet so z.B. bewußt die sozialhistorischen Zusammenhänge zwischen dem Antisemitismus des Dritten Reiches und den Ressentiments gegenüber Ausländern aus, denn die Juden waren Deutsche und eben keine Ausländer, die Ausländerfeindlichkeit schien somit etwas Neues zu sein (vgl. Butterwege 2000, S. 15).

sen soll vielmehr vom Fremden[4] und von der Fremdenfeindlichkeit gesprochen werden. In der wissenschaftlichen Diskussion wird unter anderem aber auch der Vorwurf erhoben, dass der Begriff der Fremdenfeindlichkeit den Eindruck erwecke, die Abwehrhaltung gegenüber dem Fremden sei normaler Bestandteil des menschlichen Lebens (vgl. ebd.), doch genau dies ist sie meines Erachtens auch, sie ist eine „unvermeidliche Selbstverständlichkeit" (Straub, Garz u. Krüger, S. 6), dies aufzuzeigen soll unter anderem die Aufgabe des noch zu entwickelnden Modells des Fremdseins sein. Davon ausgehend kann die Fremdenfeindlichkeit durchaus auch als Abwehrhaltung bezeichnet werden, sie wird zum vermeintlichen Schutz der eigenen Raumzeitwelt vor dem Fremden, damit ist sie ein „Bestandteil kultureller, sozialer und psychischer Normalität" (ebd., S. 5). Diese Fremdenfeindlichkeit ist natürlich nicht die einzige Form des Umgangs mit dem Fremden, durch ihre zum Teil dramatischen Folgen verdient sie aber besondere Beachtung. Der Aspekt der Normalität mag durchaus den Vorwurf der Verharmlosung aufkommen lassen, doch gerade diese Normalität zeigt, dass die Fremdenfeindlichkeit tief verwurzelt sein muss, in diesem Sinne besitzt sie natürlich auch viele Gesichter. Eines dieser Gesichter ist der Rassismus, er bildet meines Erachtens die extremste Form fremdenfeindlicher Einstellungen und Ideologien. Vor diesem Hintergrund gibt es allerdings auch wissenschaftliche Meinungen, die fordern, die Begriffe der Ausländer- und der Fremdenfeindlichkeit vermehrt durch den Begriff des Rassismus zu ersetzen (vgl. Butterwege, S. 14ff). Doch im Kontext meiner Ausführungen möchte ich davon absehen, denn mit dem Rassismus kommt „lediglich" der Glaube an eine unterschiedliche Wertigkeit menschlicher Rassen zum Ausdruck, natürlich einschließlich der diesbezüglichen Folgen, dennoch genügt dieser Begriff nicht, denn die Existenz des Rassismus kann keineswegs die gesamte Bandbreite der Anfeindungen von Fremden erklären. Zudem ist eine unterschiedliche Zugehörigkeit zu einer menschlichen

---

[4] Gemeint ist hier nur der dauerhaft oder vorübergehend in Deutschland lebende Fremde, auf dessen Anwesenheit mit Fremdenfeindlichkeit reagiert wird, dies betrifft, wie zuvor schon dargelegt wurde, aber nicht nur und nicht alle Ausländer.

Rasse nicht die unbedingte Voraussetzung, um fremd zu sein und um damit angefeindet zu werden. Rassismus ist jedoch eine weitere Begründung und auch eine Ursache für Fremdenfeindlichkeit. Somit scheint letztendlich der Begriff der Fremdenfeindlichkeit der angemessenste Ausdruck innerhalb dieser Ausführungen zu sein. Nach wie vor bleibt aber die Unbestimmtheit des Begriffes der Fremdenfeindlichkeit bestehen, es fehlt ihm immer noch an der eindeutigen Füllung. Denn „was darunter zu verstehen ist, darüber geht ja gerade der Streit der Konzeptionen und Theorieansätze" (Jugendwerk der Deutschen Shell [Hrsg.] 2000, Bd. 1, S. 255). Aus diesem Grund soll die Fremdenfeindlichkeit an dieser Stelle auch ganz allgemein als Abwehrhaltung bezeichnet werden, eine strikte Abgrenzung ist ohnehin nicht möglich, denn wo beginnt die Fremdenfeindlichkeit – erst bei Handlungen, die strafrechtlich verfolgt und damit statistisch erfaßt werden können, oder schon beim unausgesprochenen Gedanken? Ganz im Sinne des biblischen Spruches „wer unter euch ohne Sünde ist, der werfe den ersten Stein" (Joh. 8, 7) sollte an dieser Stelle die meiner Ansicht nach durchaus berechtigte Frage gestattet sein, ob nicht ein jeder von uns schon einmal den einen oder anderen fremdenfeindlichen Gedanken verspürte, egal aus welchen Motiven heraus. Eine ehrliche Antwort darauf wird zeigen, dass die Fremdenfeindlichkeit ein hohes Maß an Normalität beinhaltet, die Frage ist hierbei nur welche Ausprägungen wir ihr zubilligen und ob nicht in den meisten Fällen die Vernunft über den fremdenfeindlichen Gedanken siegt. Die von der Xenosophie ausgehende Gefahr wird meines Erachtens nämlich erst dann relevant, wenn der bis dahin unausgesprochene Gedanke nicht mehr relativiert, sondern verbalisiert oder sogar in Taten umgesetzt wird bzw. wenn daraus eine regelrechte Einstellung oder Ideologie wird.

Zusammenfassend ist der Fremde also ein „Eindringling" in eine ihm fremde Raumzeitwelt, die ihm entgegengebrachte Abwehrhaltung soll an dieser Stelle als Fremdenfeindlichkeit bezeichnet werden und besitzt im Sinne des Schutzes jener Raumzeitwelt ein hohes Maß an Normalität, in diesem Kontext kann allerdings jeder fremd sein, auch sind die Ursachen der Fremdenfeindlichkeit nicht nur in der Abwehr des Fremden zu suchen.

1.2.2. Rechtsextremismus

Die öffentliche Debatte in der Bundesrepublik Deutschland zum Problemfeld des Rechtsextremismus erweckt immer wieder den Eindruck der Beliebigkeit in der Verwendung diesbezüglicher Ausdrücke. Beherrscht wird diese Auseinandersetzung hauptsächlich durch die Begriffe Rechtsextremismus und Rechtsradikalismus, zum Teil erfolgt aber auch eine Nutzung der Termini Neonationalsozialismus und Neofaschismus bzw. umgangssprachlicher Ausdrücke wie Faschos und Nazis. In diesem Sinne liegt die Vermutung nahe, dass all diese Begriffe irgendwie das gleiche meinen, in einem Punkt mag diese Vermutung durchaus auch stimmen – alle Ausdrücke verweisen auf eine politisch rechte Einstellung. Eine so einfache Erklärung genügt an dieser Stelle natürlich nicht, denn Deutschlands Rechte bildet keineswegs eine Einheit mit gleichen Ideologien und Zielen, vielmehr existiert in der Bundesrepublik – und nicht nur hier – ein großes Spektrum rechter Gruppierungen. Von diesen bewegen sich einige auf dem Boden des deutschen Grundgesetzes, andere hingegen bedrohen die freiheitlich-demokratische Grundordnung und werden in diesem Sinne auch nachrichtendienstlich überwacht. Somit wird deutlich, dass eine Unterscheidung rechten Denkens und Handelns prinzipiell notwendig ist, diese Differenzierung soll mit Hilfe der folgenden Definitionen versucht werden und basiert im wesentlichen auf dem unterschiedlichen Verhältnis der einzelnen Gruppierungen zum deutschen Grundgesetz, zur Gewalt und zur Ideologie des Nationalsozialismus.

Beherrscht wird die öffentliche Debatte, wie Eingangs schon festgestellt wurde, durch die Begriffe Rechtsradikalismus und Rechtsextremismus, gerade hier entsteht aber der Eindruck, dass beide Ausdrücke oftmals oberflächlich und ohne jegliche Differenzierung zur Beschreibung des gleichen Sachverhaltes herangezogen werden. Beim genaueren Hinsehen wird allerdings ein grundlegender Unterschied deutlich, denn im ersten Fall wird vom Radikalismus gesprochen und im zweiten vom Extremismus, beide Begriffe meinen aber etwas grundlegend anderes.

Der Begriff Radikalismus ist abgeleitet von der Bezeichnung „radikal" *[von lat. radix, die Wurzel]* und dieser bedeutet letztendlich nichts anderes als „an die Wurzel gehend" (vgl. Neubacher 1994, S. 16). Ausgehend von der begriffsgeschichtlichen Perspektive wurde hiermit zur Zeit der Aufklärung und der bürgerlich-demokratischen Revolution die Beseitigung gesellschaftlicher Missstände umschrieben, das Übel wurde in diesem Sinne also „an der Wurzel gepackt" (vgl. Butterwege 2000, S. 16). Zudem sind „politische Aktivitäten und Bestrebungen aber noch nicht deshalb verfassungsfeindlich, weil sie eine bestimmte, an die Wurzel einer Fragestellung gehende Zielsetzung haben" (Neubacher 1994, S. 16 und Bundesministerium des Innern [Hrsg.] 1993, S. 4) und damit den status quo der Politik hinterfragen.

So steht der Extremismus gewissermaßen auch im Gegensatz zum Radikalismus, denn „mit ihm bezeichnet man die von der Mitte einer Linie oder Ebene am weitesten entfernt gelegenen Punkte, ihre extreme Position ist also durch ihr Verhältnis zum Meß- oder Bezugspunkt bestimmt" (Funke 1978, S. 16f.), jener Bezugspunkt ist in unserem Fall das Grundgesetz bzw. die Verfassung der Bundesrepublik. Somit sind Organisationen und Gruppierungen „extremistisch und damit verfassungsfeindlich im Rechtssinne nur dann, wenn sie sich gegen den umschriebenen Grundbestand unserer freiheitlichen rechtsstaatlichen Verfassung richten" (Bundesministerium des Innern [Hrsg.] 1993, S. 4). „Die Kriterien für die Grenzziehung zwischen Extremisten und Demokraten beschreibt § 4 Bundesverfassungsschutzgesetz. Zu den fundamentalen Prinzipien der freiheitlich demokratischen Grundordnung zählen vor allem:

- Die Achtung vor den im Grundgesetz konkretisierten Menschenrechten, vor allem vor dem Recht der Persönlichkeit auf Leben und freie Entfaltung.

- die Volkssouveränität

- die Gewaltenteilung

- die Verantwortlichkeit der Regierung gegenüber der Volksvertretung

- die Gesetzmäßigkeit der Verwaltung

- die Unabhängigkeit der Gerichte

- das Mehrparteiensystem

- die Chancengleichheit für alle politischen Parteien

- und das Recht auf verfassungsmäßige Bildung und Ausbildung einer Opposition"

(ebd.). Davon ausgehend sind alle Gruppierungen, Organisationen und Personen als extrem einzustufen, wenn die Aufhebung jener fundamentaler Prinzipien bzw. von Teilen dieser zu ihrem politischen Ziel wird. Noch „bis 1973 wurden jene Bestrebungen zuweilen als radikal bezeichnet" (ebd.), da sie dies aber eben nicht waren, haben „Bundesverfassungsschutz und Innenministerien seit 1974 eine entsprechende begriffliche Neuorientierung vorgenommen und unter Zustimmung der wissenschaftlichen Literatur auf die Verwendung des Begriffs Radikalismus verzichtet" (Neubacher 1994, S. 16). Jener wurde nun durch den Terminus Extremismus verdrängt, damit waren nun Radikalismus und Extremismus keine Synonyme mehr, vielmehr wurde das Extreme zu einer Steigerung des Radikalen (vgl. Butterwegge 2000, S. 16).

In der Theorie mag diese inhaltliche Abgrenzung beider Begriffe sicherlich möglich sein, in der Praxis ergeben sich hingegen Probleme durch das Fehlen einer klaren Trennlinie (vgl. ebd. u. Neubacher 1994, S. 16), somit erscheint es an dieser Stelle ratsam, auf den Radikalismusbegriff zu verzichten und statt dessen nur noch vom Extremismus zu sprechen.

„Der Begriff des Rechtsextremismus bezeichnet eine bestimmte Form des Extremismus, die Konzeptionalisierung des Extremismusbegriffes grenzt folglich den Anwendungsbereich des Extremismusbegriffes ein" (Winkler 2000, S. 44).

Insofern nimmt der Terminus Rechtsextremismus [bzw. rechtsextremistisch] die zentrale Rolle in der Terminologie zur Charakterisierung jener rechter Gesinnungen ein, die entsprechend der Extremismusdefinition auch als extremistisch eingestuft werden müssen, er kann in diesem Sinne als eine Art Oberbegriff verstanden werden.

Die „rechtsextremistische Ideologie wurzelt in nationalistischem und rassistischem Gedankengut, sie wird durch die Vorstellung bestimmt, die ethnische Zugehörigkeit zu einer Nation oder Rasse mache den Wert des Menschen aus" (Bundesministerium des Innern [Hrsg.] 2000, S. 14). Dieser Vorstellung schließt aber jene fundamentalen Prinzipien aus, die eine freiheitlich-demokratische Grundordnung ausmachen, in diesem Sinne wird das universale Gleichheitsprinzip abgelehnt und ein autoritäres politisches System propagiert, in dem Staat und Volk auf der Basis ethnischer Homogenität zu einer Einheit verschmelzen (vgl. ebd.). Zu den Rechtsextremisten gehört ein „Netz von Metaphern, Symbolen, Bedeutungen und Denkmustern" (Arning 2000, S. 2), sie besitzen zum Teil auch ein Selbstbild „als Verfolgte, Stigmatisierte und Entrechtete und verstehen sich zugleich als Mitglieder einer Elite, die als einzige über ein authentisches, volkstreues Weltbild verfügt und der damit Führungsansprüche zustehen" (ebd.). Beim Rechtsextremismus handelt es sich insgesamt „um eine dogmatische, auf Mythen gegründete Ideologie und nicht um eine um wissenschaftliche Fundierung bemühte, rationaler Argumentation zugängliche Weltanschauung" (Stöss 2000, S. 105). Trotz dieser, wie ich sie nennen möchte, rechtsextremistischen Grundidee, welche sich im wesentlichen gegen die Elemente der freiheitlich-demokratischen Grundordnung richtet, bildet der Rechtsextremismus in Deutschland „kein einheitliches ideologisches Gefüge, sondern weist unterschiedliche Begründungen und Zielsetzungen auf" (Bundesministerium des Innern [Hrsg.] 2001, S. 24). An dieser Stelle wird nun die eingangs angemahnte inhaltliche Differenzierung des rechten Spektrums notwendig.

Rechtspopulismus und Rechtskonservativismus

Grundlegend für den Rechtspopulismus und auch den Rechtskonservativismus ist die Ablehnung der Gewalt als legitimes Mittel zur Durchsetzung politischer Ziele, in diesem Sinne sollten jene auch nicht zum rechtsextremistischen Spektrum gezählt werden. Den ideologischen Mittelpunkt dieser beiden Gruppierungen bildet zum einen das Nationale und zum anderen die Tradition, welche sie „als Kontrapunkt der neuen, die Menschen aus ihren gewohnten Zusammenhängen reißenden Verhältnisse verstehen" (Arning 2000, S. 2). Eine Grenze zwischen Rechtspopulismus und Rechtskonservativismus ist in diesem Zusammenhang nicht erkennbar, deutlich wird diese erst bei den Denkstrukturen – während Rechtskonservative sich durch ein weitgehend homogenes Denken auszeichnen, ist dies bei den Rechtspopulisten nicht unbedingt der Fall, denn gerade „die Jüngeren assoziieren das Nationale stärker mit dem Selbstbewußten, das einer Scham vor der Geschichte entgegengestellt wird" (ebd.).

Jene emanzipierte Generation lehnt die noch bis heute spürbaren Konsequenzen aus der Geschichte des Dritten Reiches konsequent ab, die Verbrechen dieser Zeit werden in diesem Zusammenhang zwar nicht geleugnet, ihnen werden aber, ähnlich einem Kontrapunkt, vermeintliche Erfolge und Innovationen dieser Zeit entgegengesetzt (vgl. ebd.). Diese Art der Gegenüberstellung bedarf an dieser Stelle sicherlich keines weiteren Kommentars. Kennzeichnend für die rechtspopulistische Denkstruktur ist eine zum Teil (in)direkte Forderung nach einer gezielten Ausgrenzung der Fremden bzw. nach einer Abstufung dieser in der sozialen Hierarchie und der eventuell damit verbundenen Aberkennung grundlegender Rechte.[5]

---

[5] Gerade in den sogenannten wirtschaftlichen Krisenzeiten nehmen die rechtspopulistischen Äußerungen in der Öffentlichkeit zu, soziale und wirtschaftliche Probleme, wie z.B. steigende Arbeitslosenzahlen, werden unter anderem auf den vermeintlich hohen Anteil von Fremden und auf die dafür verantwortliche Regierung zurückgeführt, zudem wird eine Solidarisierung der Nation eingefordert bzw. eine Vorzugsbehandlung dieser. Verwiesen sei in diesem Zusammenhang beispielsweise auf den Wahlkampf zur Bundestagswahl 1998, so forderte die Partei der Republikaner in ihren Slogans unter anderem: *„Deutsche Arbeitsplätze zuerst für Deutsche"* und *„Die Zuwanderung stoppen – jetzt"* oder auch *„Deutsche Interessen zuerst"* (vgl. Bundesministerium des Innern [Hrsg.] 1999, S. 46), an dieser Stelle verschwimmt allerdings auch die Grenze zum Rechtsextremismus.

Neonationalsozialismus [Neonazismus]

„Der Begriff Neonazismus *[umgangssprachliche Kurzform von Neonatio-
nalismus]* ist nur insofern tauglich, als damit jene Konzepte, Mentalitäten
und Gruppen gemeint sind, die an historische Erscheinungen des Nationalsozialismus anknüpfen und sie wiederherstellen wollen" (Heitmeyer 1992b,
S. 13). Bei dem „vor allem in den [Nachfolge-]Staaten des realen Sozialismus gebräuchlichen, ideologisch aufgeladenen" (Butterwegge 2000, S. 16)
Terminus Neonationalsozialismus ist Vorsicht geboten, denn nur die Organisationen, Parteien und Personen, die sich ausdrücklich auf den Nationalsozialismus berufen, jene „Politik verherrlichen, nachahmen oder systema-
tisch verharmlosen" (ebd.), sind auch als neonazistisch zu bezeichnen. Somit ist zwar „jeder Neonazi *[umgangssprachliche Kurzform von Neonatio-
nalist]* ein Rechtsextremist, aber keineswegs jeder Rechtsextremist ein
Neonazi" (ebd.). Die Organisation dieser rechtsextremen Gruppierung erfolgt größtenteils in Kameradschaften, dabei konnte insbesondere in der
letzten Zeit eine zunehmende regionale Verflechtung nachgewiesen werden, dennoch kommt es nur zu wenigen politischen Aktivitäten, wie z.B. zu
Demonstrationen und vereinzelten Publikationen (vgl. Bundesministerium
des Innern [Hrsg.] 2000, S. 15). Jene Kameradschaften rekrutieren sich
hauptsächlich aus jungen Männern, sie verstehen sich als Gegenpol zur
staatlichen Macht und weisen ein hohes Gewaltpotential auf (vgl. Arning
2000, S. 2). Ein beträchtlicher Teil der neonazistischen Szene „begreift sich
als legitimer Nachfolger der SA" (ebd.), damit sieht sich dieser zwar in
„bewußter Entgegensetzung zu Hitler"[6] (Neubacher 1994, S. 17), davon

---

[6] Die von Ernst Röhm zu einer Parteiarmee ausgebaute SA [Sturmabteilung, gegründet 1920], wurde 1934 in Folge des sogenannten „Röhmputsches" beseitigt, jene
Aktion, bei der es zur Ermordung Röhms und zahlreicher weiterer SA-Mitglieder
kam, wurde durch die SS [Schutzstaffel] mit der Unterstützung durch die Reichs-
wehr durchgeführt. Als Anlass hierfür galt Röhms Ziel einer sozialistischen Revolution in der nationalen Revolution (vgl. Militärgeschichtliches Forschungsamt
[Hrsg.] 1979, S. 46f.). Die SA vertrat nach Ansicht vieler Neonazis die ursprüngliche Ideologie des Nationalsozialismus mit dem Hauptaugenmerk auf den Aspekt
des Sozialismus, die gewaltsame Auflösung der SA führt damit seitens der Neonazis zur Distanzierung von Hitler, aber nicht vom Nationalsozialismus an sich.

bleibt die Bindung an die nationalsozialistische Ideologie allerdings unberührt.

„Aus im wesentlichen zwei Quellen nährt sich die Legitimation, auf die
Neonazis ihre Gewalttaten stützen: Der Kampf gegen Ausländer, die immer
wieder als Gefahr für die Volksgemeinschaft vorgestellt werden, und die
Auseinandersetzung um eine Revision eines Geschichtsbildes, das sie aus
der Hegemonie einer nicht näher deklarierten Linken reißen wollen" (Arning 2000, S. 2). Dennoch stellen sie „nur" einen geringen Teil der Gewaltbereiten und Gewalttätigen dar (vgl. Bundesministerium des Innern
[Hrsg.] 2000, S. 17). Der Widerstand gegen den Staat, seine Institutionen
und seine Politik ist ein Kernelement der neonazistischen Ideologie, in diesem Zusammenhang entwickelte sich ein Mythos neonazistischer Helden,
die sich entgegen aller Widrigkeiten dieser Aufgabe annahmen, verwiesen
sei hier insbesondere auf Michael Kühnen[7].

Neofaschismus

Der Begriff „Neofaschismus teilt die Vorbehalte, die auch gegen die Bezeichnung Neonationalismus vorgebracht wurden: die Gefahr einer unzu-
lässigen und unhistorischen Analogie" (Neubacher 1994, S. 18), in diesem
Sinne dürfen nur die Parteien, Organisationen und Personen, die sich „auf
den 1922 in Italien unter Benito Mussolini und 1933 in Deutschland unter
Adolf Hitler zur Macht gelangten Faschismus" (Butterwegge 2000, S. 16)
berufen, auch als neofaschistisch bezeichnet werden. Als Ergebnis der

---

[7] Michael Kühnen war in der BRD der 80er Jahre als führender Kopf und Gründer
der neonazistischen Szene tätig, gleichzeitig galt er fast als einziger Repräsentant
der noch zahlenmäßig kleinen Gruppierung der Neonazis. Unter anderem beein-
flußte er auch die Deutsche Alternative, die nach der Wende 1989 schwerpunktmä-
ßig in den neuen Bundesländern aktiv war, Hauptziel Kühnens war die Schaffung
einer Gesamtorganisation der neonazistischen Gruppierungen. (vgl. Fromm 1994, S.
37 & Arning 2000, S. 2) Kühnen galt lange als Mythos der neonazistischen Szene,
mit dem Bekanntwerden seiner Homosexualität und seiner HIV-Infektion begann
Kühnens sozialer Abstieg, sein Aids-Tod 1991 bedeutete dann das Ende vom Mythos „Kühnen" (vgl. Jaschke, Rätsch u. Winterberg 2001, o.S.).

marxistisch-leninistischen Theoriebildung in den Staaten des real existierenden Sozialismus erfolgte die Gleichsetzung von nicht-kommunistischer
mit faschistischer Gesellschaftsordnung, damit wurde der Faschismusbe-
griff ideologisch verfärbt und zum Teil auch unbrauchbar (vgl. Neubacher
1994, S. 18).

Dennoch wird dieser Terminus fälschlicherweise nach wie vor zur pau-
schalen *[Faschos als umgangssprachliche Kurzform für Rechtsextremisten]*
Kennzeichnung rechtsextremistischer Orientierungen genutzt und in diesem Zusammenhang oftmals auch mit dem Nationalsozialismus gleichge-
setzt, nun ist zwar „beiden Machtsystemen gemeinsam, dass sie auf völki-
schem Kollektivismus und einem autoritären Führerprinzip im Rahmen eines Einparteienstaates basierten, sie unterscheiden sich jedoch in der Rigo-
rosität, der bürokratischen Perfektionierung der Machtausübung und in dem
Grad des menschenverachtenden Terrors" (Freie und Hansestadt Hamburg
[Hrsg.] 2001, S. 44). Zudem gibt es im Gegensatz zu den Neonazis keine
eigentliche neofaschistische Szene in der Bundesrepublik, sicherlich werden zwar einige Teile der faschistischen Ideologie im rechtsextremistischen
Gedankengut wiederzufinden sein, aber deswegen von Neofaschisten zu
sprechen, halte ich für unangemessen.

Rechtsextremistische Skinhead-Szene

In den 60er Jahren entstand in den Arbeitermilieus Großbritanniens eine
neue Subkultur deren Anhänger sich Skinheads nannten, diese „Bezeichnung bedeutet sinngemäß soviel wie *„Kahlgeschorene Köpfe"* und bezieht
sich auf das wichtigste äußere Merkmal" (Pfahl-Traughber 2000a, S. 8)
dieser Subkultur. „Straßenkämpfe, hoher Alkoholkonsum und die Begeiste-
rung für Fußball waren ebenso wichtige identitätsstiftende Merkmale wie
Bomberjacken, hochgekrempelte Jeans mit breiten Hosenträgern und Doc-
Martens oder Springerstiefel" (ebd.). Zu dieser Zeit waren die Skinheads
allerdings noch unpolitisch, erst in den 70er Jahren kam es durch den Ein-
fluß rechtsextremistischer Organisationen zur Politisierung dieser Subkultur, welche sich als Ergebnis dessen in rechtsextremistische und nicht-
rechtsextremistische Skinheadgruppierungen aufspaltete, eine ähnliche

Entwicklung war, sowohl in der BRD als auch in der DDR zu verzeichnen (vgl. ebd.). Diese Differenzierung in der Skinheadbewegung existiert auch heute noch, so gibt es neben den unpolitischen Skinheads, die sich den Ursprüngen dieser Subkultur verpflichtet fühlen, natürlich immer noch die als rechtsextrem einzustufenden Skinheads, zudem aber auch links einzuordnende[8] und seit einiger Zeit sogar „schwule Skinheads" (Wicht 2000, S. 7). An dieser Stelle muss allerdings eines angemerkt werden, die rechtsextremistische Symbolik findet sich keineswegs nur bei den rechtsextremen Skinheads, sondern zum Teil auch bei den unpolitischen, den linksextremistischen und den schwulen Skinheads, jene Symbolik[9] ist damit kein unbedingtes Zeichen für die Übernahme rechtsextremistischer Ideologien, vielmehr wird sie ohne die Existenz eines politischen Hintergrunds zu einem Mittel der gezielten Provokation (vgl. ebd.). Die rechtsextremistische Skin-

---

[8] Gemeint sind hier die zahlenmäßig von geringer Bedeutung und „eher links einzuordnenden antirassistischen „S.H.A.R.P.s"[Skinheads Against Racial Prejudice], sowie die sogenannten „Redskins", die vereinzelt in linksautonomen Zusammenhängen anzutreffen sind" (Freie und Hansestadt Hamburg [Hrsg.] 2001, S. 103).

[9] Mit der Verwendung von Symbolen soll in erster Linie die Zugehörigkeit zu einer bestimmten Gruppe Ausdruck finden, jene „Zeichen gehören zur Jugendkultur, weil sie an sich nichts bedeuten und schnell gewechselt werden können, wenn die Außenwelt sie identifizieren kann" (Schröder 2000, S. 9), die „Jugendkultur gibt es ohnehin nicht: Kultur meint ein System von Codes und Zeichen, die den mainstream zitieren, aber so verfremdet, dass sie auf die Gruppe, die sie benutzt, emotionalisiert wirkt, sie nach außen abgrenzt und nach innen den Konsens bestärkt" (ebd.). Jene Symbole sind dabei meist nichts Neues, es wird einfach „Altbekanntes neu und anders" (ebd.) zusammengesetzt. Diese Symbolsprache ist ein Code den oftmals nur Gleichgesinnte oder Gleichaltrige verstehen (vgl. Fahr 2000, S. 9), doch gibt es auch Symbole deren Interpretation universal und eindeutig zu sein scheint [z.B. Hakenkreuz], hierin liegt aber die Gefahr eines vorschnellen Urteils, denn Symbole können natürlich auch zweckentfremdet werden, in diesem Sinne müssen diese als ein Code hingenommen werden, deren Entschlüsselung dem Laien kaum möglich sein wird. Die Symbolik des Rechtsextremismus ist insgesamt äußerst komplex und auch sehr wandlungsfähig, im Rahmen dieser Ausführungen kann und soll daher nicht näher auf diese Problematik eingegangen werden.

headszene setzt sich vor allem aus „Jugendlichen und Heranwachsenden zusammen, in ihren Cliquen verbinden sich Aggressivität und Gewaltbereitschaft mit einem meist nicht programmatisch-ideologisch geprägten, sondern eher diffusen rechtsextremistischen Weltbild, dass von fremdenfeindlichen, nationalistischen, antisemitischen und den Nationalsozialismus verherrlichenden Einstellungen beherrscht wird" (Bundesministerium des Innern [Hrsg.] 2001, S. 39). Die rechtsextremistischen Skinheads spielen im Bereich des Rechtsextremismus eine gesonderte Rolle, denn es sind kaum Verbindungen zu anderen rechtsextremistischen Gruppierungen bekannt (vgl. ebd. 2000, S. 26). Seit Anfang der 90er Jahre bilden sie die zahlenmäßig größte Gruppe der Gewaltbereiten, insgesamt kommen nach aktuellen Schätzungen ca. 85% der rechtsextremistischen Gewaltbereiten aus dem Lager der Skinheads, diese treten insbesondere im Zusammenhang mit spontanen Gewalttaten in Erscheinung (vgl. ebd. 2001, S. 39). In Ostdeutschland leben bei einem Bevölkerungsanteil von 21% mehr als die Hälfte aller rechtsextremistischen Skinheads, auch ein Großteil der überregional aktiven Szenen[10] ist hier zu finden (vgl. ebd.). „Aufgrund ihrer Affinität zu rechtsextremistischen Denkmustern und Feindbildern stellt die Skinhead-Szene insgesamt ein erhebliches Rekrutierungs- und Mobilisierungspotential für aktionistisch orientierte Bereiche des Rechtsextremismus dar" (Freie und Hansestadt Hamburg [Hrsg.] 2001, S. 104). Gewaltbereitschaft und Gewalttätigkeit sind allerdings nicht nur bei Skinheads, sondern auch in geringerem Umfang bei Neonazis und noch seltener bei Mitgliedern rechtsextremistischer Parteien festzustellen, daher kann der Faktor

---

[10] Hierbei ist anzumerken, dass, „im Gegensatz zur ansonsten völlig unstrukturierten Skinhead-Szene, in Ostdeutschland einzelne zum Teil recht straff organisierte und überregional aktive Skinhead-Gruppen entstanden" (Freie und Hansestadt Hamburg [Hrsg.] 2001, S. 104), verwiesen sei hier beispielsweise auf die „Skinheads Sächsische Schweiz" (vgl. ebd.). Aber auch einigen international aktiven Skinhead-Organisationen ist es in den letzten Jahren gelungen, in Deutschland szeneinterne Strukturen zu entwickeln, in diesem Zusammenhang wurde insbesondere die in Großbritannien gegründete Organisation „Blood and Honour" auffällig (vgl. Bundesministerium des Innern [Hrsg.] 2001, S. 40f.).

Gewalt nicht das einzige Abgrenzungskriterium sein. Wichtiger ist an dieser Stelle vielmehr die subkulturelle Komponente, mit denen sich die Skinheads von allgemeinen gesellschaftlichen Standards abgrenzen und eben dazu dient ihr martialisches Äußeres und das damit verbundene Auftreten in der Öffentlichkeit (vgl. ebd., S. 17). Letztendlich macht das große Personenpotential, die latente Gewaltbereitschaft und vielleicht auch die überwiegende Unorganisiertheit der rechtsextremistischen Skinheads diese zur gefährlichsten und gewalttätigsten Gruppierung innerhalb des Rechtsextremismus.

Die Differenzierung des rechten Spektrums in die Kategorien Rechtspopulismus, Neonationalsozialismus, Neofaschismus und rechtsextremistische Skinhead-Szene kann letztendlich nur eine Art theoretische Kategorisierung ohne jeden Anspruch auf Vollständigkeit sein. In der Praxis wird es sicherlich kaum möglich sein, die Kategorien uneingeschränkt aufrecht zu erhalten, denn die Grenzen zwischen diesen werden in der Regel verschwommen sein. Mit diesem Definitionsversuch sollte nun zum einen versucht werden, die Struktur des rechten Spektrums überblicksartig abzubilden, zum anderen sollte der immer wieder zu beobachtenden begrifflichen Unsicherheit begegnet werden. In diesem Sinne muss die grundlegende Erkenntnis, dass die aufgeführten Begriffe eben nicht alle das gleich meinen, zur Anwendung gelangen. Auch wenn diese theoretische Differenzierung so nicht ohne Modifizierung auf die empirischen Phänomene anwendbar sein sollte, so ist sie dennoch keineswegs überflüssig, denn in der terminologischen Unklarheit liegt eine der Hauptursachen für die Perspektivendiffusität in der Forschungslandschaft (vgl. Butterwegge 2000, S. 13). Hingewiesen werden muss auch nochmals darauf, dass der Definitionsversuch auf der Grundlage des Verhältnisses jener Gruppierungen zum deutschen Grundgesetz, zur Gewalt und zur Ideologie des Nationalsozialismus erfolgte, an dieser Stelle hätten sicherlich auch andere Faktoren eine Differenzierung ermöglicht, die grundsätzliche Struktur des rechten Spektrums bliebe davon aber unberührt.

Ein vollständiger Überblick konnte und sollte hier aber ohnehin nicht erfolgen, das Ziel war vielmehr nur die Schaffung einer begrifflichen Grundlage für das weitere Verständnis dieser Arbeit.

1.3. Fremdsein als inter- und intrakulturelle Normalität

Die Rolle des Fremden wird grundsätzlich dann eingenommen, wenn eine nicht näher bestimmte Person auf eine etablierte Raumzeitwelt trifft, in diese „eindringt" und als Folge dessen eine potentielle Gefahr für die dort etablierte Normalität darstellt. In diesem Sinne macht also die ursprüngliche Nicht-Zugehörigkeit zu einer Raumzeitwelt den Fremden aus. Da jene Raumzeitwelten nun aber nicht näher bestimmt sind, können wir ihnen jederzeit und überall begegnen und übernehmen dann, beim Eintreten in diese, die Rolle des Fremden. Davon ausgehend wurde zuvor schon angenommen, dass das Fremdsein an sich, als inter- und intrakulturelle Normalität zu verstehen ist. Mit dem Begriff der Normalität soll an dieser Stelle das Fremdsein als ein universaler Bestandteil des menschlichen Zusammenlebens charakterisiert werden, jeder einzelne übernimmt also irgendwann und irgendwo einmal die Rolle des Fremden, freiwillig oder unfreiwillig – das sei hier dahingestellt. Voraussetzung hierfür ist aber keineswegs nur das Eindringen in eine fremde Kultur bzw. in ein fremdes Land, wie man zunächst annehmen könnte, selbst innerhalb unserer eigenen Kultur können wir zum Fremden werden. Für diese Arbeit ist jene Erkenntnis insofern von Bedeutung, als das deutlich werden soll, dass der Fremde nicht zwangsläufig ein Ausländer sein muss. Dies läßt aber wiederum nur die Schlussfolgerung zu, dass das Fremdsein im Grunde immer dem gleichen Schema folgt, genau auf diesen Aspekt soll in dem noch zu entwickelnden theoretischen Modell näher eingegangen werden. An dieser Stelle halte ich es jedoch zunächst einmal für angebracht, die Existenz jener inter- und intrakulturellen Normalität des Fremdseins zu belegen, dies soll mit Hilfe einiger ausgewählter Beispiele erfolgen. Da Medien[11] im gewissen Sinne immer auch die Realität abbilden, möchte ich diese exemplarisch nutzen, um einige Facetten des Fremdseins aufzuzeigen und damit letztendlich die inter- und intrakulturelle Normalität des Fremdseins belegen.

Beispiel 1: „Eine garstige Anekdote" von Fjodor Michaijlowitsch Dostojewskij

„Eine garstige Anekdote" ist eine Erzählung des russischen Schriftstellers Fjodor Michaijlowitsch Dostojewskij (1821-1881) und spielt im St. Petersburg des späten 19. Jahrhunderts. Im Mittelpunkt jener Geschichte steht seine Exzellenz, der 43jährige Wirkliche Staatsrat Iwan Iljitsch Pralinskij, Sohn eines Generals und damit aus gutem Hause stammend, er gilt als verwegener Liberaler und setzt in diesem Sinne all seine Hoffnungen auf das sich erneuernde Rußland. Der Ausgangspunkt aller weiteren Geschehnisse findet sich bei einer kleineren Feierlichkeit zu der Geheimrat Stephan Nikiforowitsch Nikoforow eingeladen hatte. In dieser schon leicht alkoholisierten Runde äußert eben jener Iwan Iljitsch seine Illusion von der Humanität gegenüber den Untergebenen, kurz gesagt, die strengen hierarchischen Grenzen sollten durch ein Aufeinanderzugehen gelockert werden. Doch diese Idee stößt bei den anderen eher auf Ablehnung, Iwan Iljitsch ist gekränkt. Zu allem Unglück ist nun auch noch sein Kutscher verschwunden, so bleibt ihm nichts anderes über, als zu Fuß zu gehen. Auf seinem Weg kommt er nun ins grübeln und beschließt, die Realisierbarkeit seiner Idee zu beweisen. Unterwegs vernimmt er plötzlich Musik, die von einem Fest zu stammen scheint und wie es der Zufall nun will, wird dort gerade die Hochzeit einer seiner Untergebenen gefeiert. In Gedanken versunken steht Iwan Iljitsch vor dem Haus und sieht nun endlich die Chance, den Gedanken der Humanität in die Tat umzusetzen, er malt sich aus, wie er das Haus betreten und damit kurzfristig für Überraschung sorgen würde, dann würde er aber sofort den humanitären und moralischen Anlaß seines Besuches erläutern und das Fest könnte ungeachtet seiner Anwesenheit weitergehen. Mit dem freundlich gemeinten Hinweis, dass der Dienst rufe, würde er nach einer Weile die Hochzeit verlassen und am nächsten Tag wäre seine große Tat überall bekannt, seine Untergebenen würden sagen: „er ist streng als Vorgesetzter, aber

---

[11] Gemeint sind hier nicht nur Radio, TV, die klassischen Printmedien und das Internet, sondern Medien im eigentlichen Sinne des Wortes, also alle „Vermittler" von Information, zu diesen zählt insbesondere die Literatur, aber auch Musik, Malerei etc..

als Mensch ein Engel" (Dostojewskij o.J., S. 478). Ermutigt durch den Alkohol geht Iwan Iljitsch seinem Traum nach und betritt das Haus.

Zwar bemerkt man ihn zuerst gar nicht, doch auf einmal schweigt alles, die Gäste weichen vor ihm zurück und Verlegenheit macht sich breit. Iwan Iljitsch erzählt nun dem Bräutigam und dessen auch anwesenden Vorgesetzten seine Geschichte, wie er zur Hochzeit kam, allmählich kehrt auch die Ungezwungenheit zurück, die Gäste sind „durchaus nicht eingeschüchtert, nur ungeschickt, und fast alle betrachten den Mann mit Feindseligkeit" (ebd., S. 485). Iwan Iljitsch wird als Ehrengast, aber nicht als Teil der Hochzeitsgesellschaft behandelt, er fühlt, dass er hier nicht sein sollte, doch er bleibt und trinkt und mit dem Trinken wächst die Mut. Gleichermaßen verliert Iwan Iljitsch aber immer mehr die Kontrolle über sich und versucht, sich und seine humanistischen Beweggründe zu erklären, doch er ist viel zu betrunken, er erniedrigt sich immer mehr und stört mit seiner Anwesenheit die Feier. Dann kommt was kommen muss, Iwan Iljitsch liegt bewußtlos auf dem Boden und wird dann ins Bett des frisch vermählten Ehepaares verfrachtet, das nun auf Stühlen schlafen muss. Entsprechend seines Zustandes geht es Iwan Iljitsch natürlich sehr schlecht, so dass sich die Mutter des Bräutigams um ihn kümmert. Erst am nächsten Morgen kommt sein Bewußtsein allmählich zurück und damit auch die Qualen des schlechten Gewissens, eilig macht er sich auf den Weg in sein Heim und verläßt dieses vor lauter Scham acht lange Tage nicht. Erst nach „Tagen des Zweifels und der Qual" (ebd., S. 518) begibt sich Iwan Iljitsch wieder in die Kanzlei, mittlerweile hat der Bräutigam aber seine Versetzung beantragt, zudem traut sich keiner, über die Ereignisse zu reden. Damit ist Iwan Iljitschs Idee der Humanität gescheitert, seine Kollegen hatten also von Anfang an recht behalten.

Diese Erzählung Dostojewskijs beschreibt die Situation des Fremdseins innerhalb einer Kultur bzw. innerhalb einer Gesellschaft. Iwan Iljitsch, die Hauptperson jener Geschichte, wird zum Fremden, denn er betritt die Raumzeitwelt seines Untergebenen. Jene Raumzeitwelt wird durch die hierarchische Ordnung im Beruf und den damit verbundenen sozialen Status in der Gesellschaft bestimmt. Iwan Iljitsch und der Bräutigam als sein Untergebener stehen dabei jeweils am entgegengesetzten Ende dieser Hierarchie. Das Eindringen in jene Raumzeitwelt stellt eine potentielle Gefahr dar, denn die Hochzeitsgesellschaft, als dort etabliertes soziales Kollektiv, darf gegenüber Iwan Iljitsch keinen Fehler machen, dies könnte nämlich schwerwiegende Konsequenzen haben. Infolgedessen wird aus Iwan Iljitsch zwar ein Ehrengast, doch er wird nicht integriert, sondern auf eine eher höfliche Art und Weise ausgeschlossen. Seine Anwesenheit muss durch die Hochzeitsgesellschaft als Störung empfunden werden, denn sie kann nicht so agieren, wie es für ihre Raumzeitwelt wahrscheinlich üblich wäre. Die Idee der humanitären Überwindung jener Grenzen musste damit von Anfang an scheitern. Ähnliche Situationen des Fremdseins innerhalb einer Kultur bzw. einer Gesellschaft können wir tagtäglich und überall erleben, aber vielleicht nicht immer so dramatisch wie Iwan Iljitsch, z.B. dann, wenn wir neu in einer bestimmten Institution [z.B. Schule, Universität, Arbeitsplatz, Behörden etc.] sind, in diesem Fall sind wir nämlich der Fremde in der Raumzeitwelt jener Einrichtung.

Beispiel 2: „Ein Herz und eine Seele" TV-Serie des WDR und der ARD 1973-1976

Im Jahre 1973 begann der WDR mit der Ausstrahlung der, vom Autoren Wolfgang Menge stammenden, TV-Serie „Ein Herz und eine Seele". Sie erzählt die Geschichte der Bochumer Familie Tetzlaff, genauer gesagt der Eheleute Alfred [Heinz Schubert] und Else Tetzlaff [Elisabeth Wiedemann], ihrer Tochter Rita Graf [Hildegard Krekel] und ihres Schwiegersohnes Michael Graf [Dieter Krebs]. Die ersten 11 Folgen jener satirischen TV-Serie kamen im WDR zur Erstausstrahlung, alle übrigen bis zur Folge 25 dann in der ARD. Die zweite Staffel startete 1976 mit einer teilweisen Umbesetzung und mit veränderten Charakteren, konnte aber nicht mehr an die Erfolge der ersten Staffel anknüpfen (vgl. Zinn 2001, o.S.).

Der „meckernde reaktionäre Familienvater" (ebd.) Alfred Tetzlaff steht eigentlich immer im Mittelpunkt des Geschehens und wird auf Grund seiner „liebenswürdigen" Art auch „Ekel-Alfred" genannt. Er sieht sich selbst als Verkörperung aller typisch deutschen Tugenden, im Grunde seines Herzens trauert er auch der alten Zeit hinterher, in der nach seiner Ansicht noch alles seine Ordnung hatte. Alfred fühlt sich eigentlich auch als ein überaus korrektes Vorbild aller Deutschen – obwohl er immer wieder beim Gegenteil ertappt wird. Seinen überaus kleinen Wuchs kompensiert er zu Hause als Tyrann, seine Frau Else ist für ihn eine „dusselige Kuh", die Tochter Rita ist ohnehin zu nichts zu gebrauchen und sein Schwiegersohn Michael ist ein „Sozi" und auch noch stolz darauf. Freunde hat Alfred durch seine Liebenswürdigkeit ohnehin nicht, wer sich mit Alfred abgibt, der tut dies, weil er es muss.

Alfred Tetzlaff hat sich damit seine eigene Raumzeitwelt geschaffen, hier gilt seine politische Ideologie, sein Recht und hier hat ihm auch keiner zu widersprechen, all jene, die nicht so sind wie er – und das sind eigentlich alle – behandelt er als Fremde. In diesem Sinne fühlt sich Alfred bedroht, insbesondere durch die Sozialdemokraten, die er verächtlich „Sozis" nennt, sie erlassen Gesetze, mit denen sie ihm – Alfred Tetzlaff – persönlich an den Kragen wollen, so vergeht natürlich keine Folge, in dem er nicht auf die Sozis schimpft. Aber auch die Ausländer haben es auf ihn abgesehen, so nimmt seine Frau Else versehentlich ein Päckchen an aus dem es tickt [Folge 5 „Die Bombe" 1973], für Alfred ist klar, hier ist eine Bombe drin, denn das Päckchen ist an einen Araber adressiert. Diese permanente Bedrohung seiner Raumzeitwelt ist ein Bestandteil fast aller Folgen, aber warum fühlt sich Alfred bedroht? Die Erklärung hierfür ist eigentlich ganz einfach, die Welt um ihn herum entwickelt sich weiter, sie wird demokratischer, gleichberechtigter, multikultureller und vor allen Dingen toleranter, doch Alfred ist ein ewig Gestriger, ein Reaktionär, er will weiterleben wie bisher und schafft sich damit seine eigene Welt, nicht er ist hier der Fremde, sondern all die anderen, die ihm schaden wollen und so wittert Alfred natürlich überall Gefahr und grenzt all jene potentiellen „Täter" aus.

Dieses Beispiel zeigt meines Erachtens die Umkehrbarkeit des Fremdseins - der eigentlich Fremde fühlt sich selbst nicht als ausgegrenzt, sondern betrachtet alle um sich herum als Fremde, die seine Raumzeitwelt bedrohen. An dieser Stelle wird auch noch einmal deutlich, dass sich die Raumzeitwelten keineswegs immer auf klar erkennbare und real existierende Grenzen stützen müssen, sondern oftmals nur als Abstraktum existieren, dennoch kann es zur Bedrohung durch das Eindringen eines Fremden kommen.

Beispiel 3: „Neger, Neger, Schornsteinfeger. Meine Kindheit in Deutschland" von Hans. J. Massaquoi

„Hans Jürgen heißen und in Hamburg wohnen: nichts besonderes. Aber Massaquoi heißen, schwarz sein und in Nazideutschland leben: Ja, ging das denn überhaupt?" (Quelle unbekannt).

„Neger, Neger, Schornsteinfeger" ist eine Autobiografie Massaquois und erzählt die Geschichte seiner Kindheit und Jugend von 1926-1948, es ist die Geschichte eines der wenigen schwarzen Kinder im nationalsozialistischen Deutschland. Hans Jürgen ist der Sohn einer weißen Mutter und eines schwarzen Vaters, sein Großvater, ein ehemaliger König der Vai, ist anfangs noch als liberianischer Generalkonsul in Hamburg tätig. Damit wächst Hans Jürgen zunächst in großbürgerlichen Verhältnissen auf, die Weißen kennt er nur als Dienstboten, so lebt er vielmehr in einer Welt schwarzer Herren. Doch dann verläßt seine Familie Deutschland, Hans Jürgen ist jetzt mit seiner Mutter allein und lebt von nun an in einem Arbeiterviertel. Anfangs rufen ihm die anderen Kinder zwar noch „Neger, Neger, Schornsteinfeger" hinterher, doch sehr bald wird er von ihnen integriert und ist nun auch ein Arbeiterjunge von vielen, zwar mit schwarzer Haut und krausem Haar, aber er gehört dazu.

Dann übernehmen die Nationalsozialisten die Macht, Hans Jürgen will, wie viele andere Kinder auch, zur Hitlerjugend und später in die Oberschule, er will deutscher Meister im Boxen werden, selbst als Soldat würde er sich freiwillig melden. Aber als Schwarzer, nein da hat er keine Chance, somit bleibt ihm alles, was für seine Altersgenossen selbstverständlich ist, verschlossen. Doch in einem hat Hans Jürgen Glück, er überlebt den nationalsozialistischen Rassenwahn, denn die Nazis sind noch mit der Judenverfolgung beschäftigt. Nach dem Krieg verläßt Hans Jürgen Deutschland, in der USA erwartet ihn ein neues und auch erfolgreiches Leben.

Die Geschichte Hans Jürgens zeigt auf den ersten Blick die wohl klassischste Form des Fremdseins: das Fremdsein in einer anderen Kultur bzw. in einem fremden Land. Bei genauerer Betrachtung fällt aber auf, dass Hans Jürgen deutscher Staatsbürger ist und die deutsche Kultur sein eigen nennt, er ist damit zwar wie jeder andere Deutsche auch, aber seine Herkunft und sein Aussehen machen ihn immer wieder zum Fremden. Das Fremdsein in einer anderen Kultur wirkt sich dabei meines Erachtens um so stärker aus, je größer die Unterschiede des Fremden zur Gruppe der Etablierten sind, gerade eine andere Hautfarbe und andere offensichtliche Merkmale machen das Fremde unübersehbar.

Jene Geschichte zeigt aber auch, dass die Ausgrenzung des Fremden auf einer regelrechten Ideologie, wie z.B. der Rassenlehre des Dritten Reiches, basieren kann, gleichzeitig wird damit auch eine potentielle Gefahr unverkennbar, die gezielte Tötung des Fremden zur „Reinhaltung" der eigenen Raumzeitwelt, auch wenn dies eine extreme Reaktion auf das Fremde sein mag, so müssen wir sie doch immer wieder erleben, nicht nur in Deutschland, sondern überall auf der Welt.

Diese drei Beispiele stehen natürlich nur stellvertretend für all die anderen in, denen das Fremdsein Ausdruck findet, doch meines Erachtens genügen sie voll und ganz um aufzuzeigen, dass das Fremdsein unzählige Facetten hat und damit durchaus als inter- und intrakulturelle Normalität verstanden werden kann. In diesem Sinne ist das Fremdsein also nicht nur auf den Ausländer in einer bestimmten Kultur bzw. Gesellschaft bezogen, es kann uns jederzeit und überall treffen und muss demnach auch einem bestimmten Schema folgen, hierin liegt aber letztendlich auch die Notwendigkeit der Entwicklung eines theoretischen Modells des Fremdseins, das eben jene Problematik aufgreift und zu erklären versucht.

1.4. Rechtsextremismus in Deutschland – Ein kurzes Lagebild

„Rechtsextremistische und fremdenfeindliche Gewalt sind kein Kinderspiel oder harmloser Auswuchs jugendlichen Kräftemessens" (Bundesamt für

Verfassungsschutz [Hrsg.] 2000b, S. 1), wie groß dabei die Gefahr ist, die vom Rechtsextremismus ausgeht, hat sich seit 1991 in erschreckender Deutlichkeit gezeigt – seitdem waren, mehr als 30 Todesopfer durch Anschläge mit rechtsextremistischen Hintergrund zu beklagen. Dennoch ist der Rechtsextremismus erst seit relativ kurzer Zeit ein Diskussionsthema in Politik und Öffentlichkeit und ein Bestandteil der politischen Bildung. Mit dem Definitionsversuch wurde bereits schon versucht, die Struktur der rechtsextremen Szene überblicksartig aufzuzeigen, im Folgenden aber soll der Rechtsextremismus nun noch an Hand aktueller Zahlen[12] illustriert werden, denn nur so kann auch ein Bild zur derzeitigen Lage erstellt werden.

Zum Ende des Jahres 2000 existierten in Deutschland 144 rechtsextremistische Organisationen und Personenzusammenschlüsse, die Zahl ihrer Mitglieder sowie der nichtorganisierten Rechtsextremisten lag bei ca. 50.900 und entspricht weitgehend denen des Vorjahres (vgl. Bundesministerium des Innern [Hrsg.] 2001, S. 27). Bei den subkulturell geprägten und sonstigen gewaltbereiten[13] Rechtsextremisten war eine Steigerung ihres Perso-

---

[12] Jene aktuellen Zahlen stammen dabei überwiegend aus dem Verfassungsschutzbericht, der jährlich vom Bundesministerium des Innern herausgegeben wird, er wird jeweils zur Jahresmitte vorgestellt und bezieht sich auf den Berichtszeitraum des vorangegangenen Kalenderjahres, aus diesem Grund sind alle hier getroffenen Angaben auf das Jahr 2000 bezogen. Gerade das regelmäßige Erscheinen dieser Publikation und die parlamentarische Kontrolle über die Arbeit des Verfassungsschutzes, belegen meines Erachtens die Verläßlichkeit dieser Quelle, dennoch dürfen diese Daten, wie bei allen anderen Statistiken auch, nicht als hundertprozentige Abbildung der Wirklichkeit verstanden werden. Verwiesen werden muss an dieser Stelle daher unbedingt auf die sicherlich wesentlich höher liegende Dunkelziffer rechtsextremistischer Straf- und Gewalttaten, denn gerade Gewalttaten werden erfahrungsgemäß oftmals nicht gemeldet [aus welchen Beweggründen auch immer] und finden sich damit in keiner Statistik wieder.

[13] In diesem Zusammenhang werden auch die Rechtsextremisten, die bisher zwar keine Gewalttaten verübt haben, aber die Gewaltanwendung prinzipiell befürworten in die Kategorie der gewaltbereiten Rechtsextremisten eingeordnet (vgl. Bundesministerium des Innern [Hrsg.] 2001, S. 27).

32

nenpotentials um fast 8 % auf nun etwa 9.700 Personen zu verzeichnen, die seit 1995 zu beobachtende Zunahme der gewaltbereiten Rechtsextremisten hält damit weiter an, die subkulturell geprägten Skinheads stellen dabei fast 85 % aller Gewaltbereiten (vgl. ebd.). Die Neonazis blieben mit ca. 2.200 Personen auf dem Niveau des Vorjahres, zudem existierten 60 neonational-sozialistische Gruppen mit einer gewissen Organisationsstruktur (vgl. ebd.). Mit rund 36.500 Mitgliedern bilden die rechtsextremistischen Partei-en [DVU, NPD und REP] das größte Betätigungsfeld im rechten Spektrum (vgl. ebd., S. 28). Bei den sonstigen rechtsextremistischen Organisationen konnten, bei einer Anzahl von 78 Gruppen mit insgesamt fast 4.200 Mit-gliedern, kaum Veränderungen festgestellt werden (vgl. ebd.).

Für den Berichtszeitraum des Jahres 2000 wurden 15.951 Straftaten mit erwiesenem oder zu vermutendem rechtsextremistischen Hintergrund er-faßt, davon 998 Gewalttaten[14] und 14.953 sonstige Straftaten[15], dies ent-spricht einer Steigerung bei den Straftaten um ganze 58,9 % und bei den Gewalttaten um 33,8 % (vgl. ebd.). Der Anteil der Gewalttaten an der Ge-samtzahl aller Straftaten entspricht damit 6,3 %, hierzu zählen insbesondere fremdenfeindliche bzw. antisemitisch motivierte Gewalttaten, aber auch Angriffe auf den politischen Gegner (vgl. ebd.). Der Großteil aller Gewalt-taten richtet sich gegen Fremde, so sind 63 % aller Gewalttaten fremden-feindlich motiviert (vgl. ebd., S. 30). Für diesen unübersehbaren Anstieg rechtsextremistischer Straftaten gibt es mehrere Erklärungen, zum einen führte der bis heute ungeklärte Bombenanschlag in Düsseldorf am 27. Juli 2000 mit hoher Wahrscheinlichkeit zu Nachahmungstaten, mit diesem An-

---

[14] Zu den Gewalttaten zählen insbesondere [versuchte] Tötungsdelikte und Körper-verletzungen, aber auch Brandstiftungen, das Herbeiführen von Sprengstoffexplo-sionen und alle Fälle von Landfriedensbruch (vgl. Bundesministerium des Innern [Hrsg.] 2001, S. 30).

[15] Zu den sonstigen Straftaten zählen: Sachbeschädigung, Nötigung bzw. Bedrohung, Verbreitung von Propagandamitteln, Verwendung verfassungsfeindlicher Symbole, Volksverhetzung und Störung der Totenruhe und andere Formen der Schändung jü-discher Friedhöfe und Gedenkstätten (vgl. ebd.).

schlag wurde aber auch eine öffentliche Diskussion entfacht die unter anderem zu einer erhöhten Anzeigebereitschaft in der Öffentlichkeit führte. Zum anderen scheint aber auch die Aktionsbereitschaft des rechtsextremistischen Spektrums im Sinne der „jetzt erst recht-Mentalität" gewachsen zu sein (vgl. ebd., S. 29 & Bundesamt für Verfassungsschutz [Hrsg.] 2000a, S.1).

Drei Tötungsdelikte sind zudem die traurige Jahresbilanz 2000: am 11. Juni wurde der Mosambikaner Alberto Adriano in Dessau [Sachsen-Anhalt] von drei Tätern angegriffen und verstarb am 14. Juni an den Folgen der ihm zugefügten Verletzungen, am 24. Juli töteten vier männliche Täter einen 51jährigen Obdachlosen in Ahlbeck [Mecklenburg-Vorpommern] und am 13. September wurde in Schleswig-Holstein ein weiterer Obdachloser getötet (vgl. ebd., S. 30).

Betrachtet man die rechtsextremistischen Gewalttaten differenziert nach den sechzehn Bundesländern, so weist Nordrhein-Westfalen die absolut höchste Zahl diesbezüglicher Taten auf, doch hierbei muss beachtet werden, dass dieses Bundesland gleichzeitig auch die meisten Einwohner besitzt (vgl. ebd., S. 34). In diesem Zusammenhang macht daher nur eine Statistik Sinn, die auch das Verhältnis der Gewalttaten zur Einwohnerzahl eines Bundeslandes berücksichtigt. Auf dieser Grundlage befindet sich der Schwerpunkt rechtsextremistischer Gewalttaten nämlich nach wie vor in den neuen Bundesländern, hier wurden im Durchschnitt 2,21 Gewalttaten je 100.000 Einwohner registriert, in den westlichen Ländern hingegen „nur" 0,95 (vgl. ebd., S. 34). An dieser Stelle muss auch noch einmal daran erinnert werden, dass in Ostdeutschland bei seinem geringen Bevölkerungsanteil von nur 21 % gleichzeitig mehr als die Hälfte aller rechtsextremistischen Skinheads leben und eben jene Gruppe stellt 85 % aller Gewaltbereiten (vgl. ebd., S. 39). Zudem fällt auf, dass die Anzahl fremdenfeindlich motivierter Gewalttaten in umgekehrter Proportionalität zum Anteil der ausländischen Bevölkerung zu stehen scheint, denn Ostdeutschland mit seinem verhältnismäßig geringen Anteil an Ausländern weist gleichzeitig die meisten rechtsextremistischen Gewalttaten auf, von denen wiederum ein Großteil fremdenfeindlich motiviert ist.

Zu ähnlichen Ergebnissen kommt ebenfalls die 13. Shell-Jugendstudie, die hierfür durchgeführten Untersuchungen ergaben, dass junge ostdeutsche Männer mit niedrigerem Schulabschluss das größte Potential an Fremdenfeindlichkeit aufweisen (vgl. Jugendwerk der deutschen Shell [Hrsg.] 2000, Bd. 1, S. 254ff.). Weiterhin konnte festgestellt werden, dass die Fremdenfeindlichkeit offenbar nicht auf persönliche Erfahrungen mit Fremden zurückzuführen ist, sondern eher auf den fehlenden Kontakt zu ihnen, in diesem Zusammenhang wurde auch ermittelt, dass gerade in ländlichen Gegenden die Fremdenfeindlichkeit am stärksten ausgeprägt ist (vgl. ebd.), aber genau jene Verhältnisse sind kennzeichnend für Ostdeutschland: die vorwiegend ländliche Gegend und der geringe Ausländeranteil minimieren hier letztendlich die Möglichkeit des Kontaktes mit Fremden, im Gegenzug ist die Fremdenfeindlichkeit hier aber besonders stark ausgeprägt. Dieser signifikante Unterschied zwischen Ost- und Westdeutschland, insbesondere bei der Verübung rechtsextremistischer Gewalttaten, zeichnet sich schon seit Anfang der 90er Jahre kontinuierlich ab.[16] In diesem Sinne möchte ich als Ergebnis meiner Arbeit eine mögliche Erklärung für dieses Phänomen aufzeigen, ohne damit aber, den Anspruch auf Allgemeingültigkeit zu erheben.

---

[16] Verwiesen sei an dieser Stelle auf die überaus deutlichen Zahlen in den Verfassungsschutzberichten dieser Jahre, bis auf wenige Ausnahmen in der Reihenfolge standen die neuen Bundesländer hier immer an der Spitze der Gewaltstatistik (vgl. Bundesministerium des Innern [Hrsg.] 1993-2001, o.S.). Davon ausgehend ist es mehr als fraglich, ob vereinzelte positive Meldungen, die von einem Rückgang bei den Gewalttaten berichten, als Trendwende zu verstehen sind, gemeint ist hier z.B. das Bundesland Sachsen-Anhalt, das für 2000 einen Rückgang der Gewalttaten um 19 % vermeldete (vgl. Ministerium des Innern des Landes Sachsen-Anhalt [Hrsg.] 2001, S. 23).

2. Die Entwicklung eines theoretischen Modells des Fremdseins

Mit den bisherigen und vom Umfang her sicherlich eher unkonventionellen einleitenden Ausführungen sollte nun einerseits die begriffliche Grundlage für eine weitere Bearbeitung des Themas geschaffen sein, andererseits sollte aber auch mehr als deutlich geworden sein, welche Gründe überhaupt zur Auswahl dieser Thematik geführt haben.

Für die Entwicklung des theoretischen Modells ist in diesem Sinne insbesondere die Definition des Fremden und der Beleg für die Existenz jener inter- und intrakulturellen Normalität des Fremdseins von Bedeutung. Der Fremde wurde im Vorfeld als eine nicht näher bestimmte Person definiert, die auf eine etablierte Raumzeitwelt trifft, in diese „eindringt" und als Folge dessen eine potentielle Gefahr für die dort etablierte Normalität darstellt. Jene Definition wirft mit großer Wahrscheinlichkeit einige Fragen auf, insbesondere was unter der „Raumzeitwelt" zu verstehen sei und welche potentielle Gefahr – wenn überhaupt davon die Rede sein kann – vom Fremden ausgeht, aus gutem Grund wurde bisher auf eine Kommentierung dieser Definition verzichtet, denn dies wird überhaupt erst mit der Entwicklung des theoretischen Modells möglich und auch sinnvoll. Die festgestellte inter- und intrakulturelle Normalität des Fremdseins läßt vermuten, dass das Fremdsein einer Art universalem Schema sozialer Mechanismen folgt, dieses aufzuzeigen ist die eigentliche Aufgabe eben jenes theoretischen Modells, das im Folgenden nun entwickelt wird, in diesem Schritt nimmt der Fremde jedoch noch keine spezifische Rolle ein.

Als theoretisches Fundament dieses Modells sollen nun aber zunächst die Theorie der Etablierten-Außenseiter-Beziehungen von Elias/Scotson und Goffmans Ausführungen zum Stigma näher betrachtet und thematisch aufgearbeitet werden, auf dieser Basis kann dann das eigentliche Modell des Fremdseins entwickelt werden, das in diesem Sinne eine Verbindung der genannten Theorien darstellen wird. Eine Begründung für die Auswahl gerade dieser Theorien erübrigt sich an dieser Stelle jedoch, denn mit den folgenden Ausführungen wird sich meines Erachtens mehr als deutlich zeigen, dass die Überlegungen von Elias/Scotson und Goffman der Thematik am ehesten gerecht werden und somit auch einen entscheidenden Beitrag zum Entstehen des Modells leisten können und werden.

2.1. Zu den theoretische Grundlagen des Modells

2.1.1. Die Theorie der Etablierten-Außenseiter-Beziehungen

Die Theorie der Etablierten-Außenseiter-Beziehungen beruht auf einer empirischen Untersuchung, die Norbert Elias zusammen mit John L. Scotson zwischen 1958 und 1960 in einer englischen Vorortgemeinde durchführte. Jene Gemeinde, die von den Wissenschaftlern „Winston Parva" genannt wurde, war eine der typischen europäischen Arbeitersiedlungen, in denen die dörflichen Sozialstrukturen überlebt hatten, gemeint sind hier beispielsweise die enge Nachbarschaft, soziale Kontrolle und gegenseitige Solidarität. Diese traditionell gewachsene Gemeinschaft wird am Ende der 30er Jahre jedoch gestört, es entsteht ein neuer Ortsteil, in dem Arbeiter aus anderen Teilen Englands angesiedelt werden. Obwohl die Neuankömmlinge nun ebenso in Winston Parva leben, in den gleichen Betrieben arbeiten und sich auch ansonsten kaum von den Alteingesessenen unterscheiden, bleiben sie Außenseiter.

Den Gründen für dieses spezifische Verhältnis zwischen den Etablierten und Außenseitern in Winston Parva will die Fallstudie von Elias/Scotson auf die Spur kommen, gleichzeitig trifft man hier „en miniature auf ein universal menschliches Thema: immer wieder läßt sich beobachten, dass Mitglieder von Gruppen, die im Hinblick auf ihre Macht anderen, interdependenten Gruppen überlegen sind, von sich glauben, sie seien im Hinblick auf ihre menschliche Qualität besser als die anderen" (Elias u. Scotson 1990, S. 7). In diesem Zusammenhang wird Winston Parva zu einem „kleinformatigen Erklärungsmodell" (ebd., S. 10) für die universale Figuration der Etablierten-Außenseiter-Beziehung, hier gilt grundsätzlich, dass die etablierte Gruppe ihren Mitgliedern überlegene menschliche Eigenschaften zuschreibt und alle Mitglieder der anderen Gruppe soweit wie möglich ausschließt. In Winston Parva existierten jedoch keine Unterschiede in der Nationalität, der ethnischen Herkunft und der sozialen Klasse, die diese Gruppenüberheblichkeit auch nur ansatzweise begründen könnte. Wie konnte es den Etablierten dann überhaupt gelingen, sich als überlegen und höherwertig darzustellen?

In der Fallstudie war die unterschiedliche Wohndauer letztendlich der einzige objektive Unterschied zwischen den Alteingesessenen und den Neuankömmlingen. Hier zeigt sich, dass „das bloße Alter einer Formation mit allem, was es in sich schließt, einen Grad an Gruppenzusammenhalt, kollektiver Identifizierung und Gemeinsamkeit der Normen zu schaffen vermag, der genügt, um bei Menschen das befriedigende Hochgefühl zu erzeugen, das mit dem Bewußtsein, einer höherwertigen Gruppe anzugehören, und der komplementären Verachtung für andere Gruppen verbunden ist" (ebd., S. 11). Gleichzeitig wird aber auch deutlich, dass sich „Machtdifferentiale allein aus monopolistischer Verfügung über nicht-menschliche Objekte wie Waffen und Produktionsmittel" (ebd.) nicht erklären lassen. Vielmehr ergibt sich aus der Betrachtung Winston Parvas, dass sich der Grund für die Überlegenheit einer Gruppe auch in ihrem vergleichsweise hohen Grad der Kohäsion finden läßt. Damit wird der Zusammenhalt in der Gruppe der Etablierten und das Ausschließen der anderen mit den damit verbundenen Machtdifferentialen zu einer Grundvoraussetzung aller Etablierten-Außenseiter-Beziehungen.

Um diese Beziehung aufrecht erhalten und begründen zu können, nutzen die Etablierten ein „pars-pro-toto-Verzerrung in entgegengesetzter Richtung" (ebd., S. 13), hierzu werden den Außenseitern die schlechten Eigenschaften ihrer schlechtesten Teilgruppe zugeschrieben, und „umgekehrt wird das Selbstbild der Etabliertengruppe eher durch die Minorität ihrer besten Mitglieder" (ebd.) geprägt. In diesem Sinne sind die Außenseiter nicht etwa individuellen Vorurteilen ausgesetzt bzw. müssen sie auch nicht durch individuelle Eigenschaften und Mängel gekennzeichnet sein, vielmehr erfolgt hier die Stigmatisierung einer ganzen Gruppe. Die Stigmatisierung ist dabei „häufig verknüpft mit kollektiven Phantasien" (ebd., S. 32), diese verdinglichen ein ursprünglich soziales Stigma und lassen es damit objektiv erscheinen, somit können die Etablierten ihre Abneigung gegenüber der Außenseitergruppe rechtfertigen und sich selbst vom Vorwurf der Stigmatisierung entlasten, denn die „Schuld" an diesem Brandmal hätten in diesem Fall andere bzw. höhere Mächte. Stigmatisierungen wandeln sich oft sogar in ein Selbstbild der betroffenen Gruppe um, die Außenseiter messen „sich selbst am Maßstab ihrer Unterdrücker, sie stellen fest, dass sie deren Normen nicht genügen und empfinden sich selbst als minderwertig" (ebd., S. 22). Dieses „kollektive Schandmal" (ebd., S. 14) kann aber nur solange aufrecht erhalten werden, wie die stigmatisierende Gruppe ihrer Machtposition auch sicher ist, d.h., den Außenseitern muss unter allen Umständen der Zugang zur Macht verwehrt bleiben. Gelingt dies nicht, besteht die Gefahr, dass das Vermögen andere zu stigmatisieren abnimmt, in diesem Fall kann es unter Umständen sogar zu einer Gegenstigmatisierung durch die früheren Außenseiter kommen.

Die zur Stigmatisierung nötige Machtposition stützt sich dabei hauptsächlich auf die Kohäsions- und Integrationsdifferentiale der einzelnen Gruppen. In Winston Parva besaß die Gruppe der Etablierten nun einen sehr hohen Grad an Kohäsion, mit der Zeit hatte sich eine gemeinsame Lebensweise und ein Normenkanon herausgebildet, die neuen Nachbarn bedeuteten aber „eine Bedrohung ihrer eingebürgerten Lebensweise" (ebd., S. 16). „Um zu erhalten, was sie als eine hohen Wert empfanden, schlossen sie ihre Reihen gegen die Zuwanderer, womit sie ihre Gruppenidentität schützten und ihren Vorrang sicherten" (ebd.). Der Zusammenhalt in der Gruppe der Etablierten und das Befolgen der gruppenspezifischen Normen wurde insbesondere mit der Teilhabe an der Überlegenheit und dem Gruppencharisma belohnt. Von den Außenseiter nahm man hingegen nicht an, dass sie diesen Normen folgen würden, in diesem Sinne stellten sie eine Gefahr der etablierten Lebensweise dar, demzufolge war natürlich auch jeder Kontakt zu den Außenseitern unerwünscht und widersprach damit der geltenden Norm.

Im Gegensatz zu den Etablierten besaßen die Außenseiter so gut wie keinen Zusammenhalt, somit waren sie nicht in der Lage, selbst eine Einheit zu bilden, den Etablierten gegenüberzutreten und die Gruppenschande abzulegen. Jene Etablierten-Außenseiter-Beziehungen sind also auch durch das Gruppencharisma der Etablierten und die Gruppenschande der Außenseiter geprägt.

Durch ihre Machtposition sichern sich die Etablierten natürlich auch Vorteile, einige dieser sind unzweifelhaft ökonomischer Natur, dennoch ist das Streben nach diesen ökonomischen Vorteilen keineswegs die einzige Motivation, jene Vorrangstellung aufrecht zu erhalten. „Je kleiner die Machtdifferentiale werden, desto deutlicher treten andere, nicht-ökonomische Aspekte der Spannungen und Konflikte ins Leben" (ebd., S. 29). In diesem Zusammenhang sollten also die Spannungen zwischen Etablierten und Außenseitern nicht nur auf ökonomische und damit vielleicht auch existentielle Gründe zurückgeführt werden.

Ein wesentlicher Aspekt der Etablierten-Außenseiter-Beziehungen findet sich in der Gruppenzugehörigkeit bzw. Nicht-Zugehörigkeit und im Ausdruck dieser. So gebrauchen die Etablierten in der Regel das Wort „ Wir", wenn es sich um ihre eigene Gruppe handelt, „während sie gleichzeitig andere Menschen als einer anderen Gruppe zugehörig ausschließen, zu der sie kollektiv „Sie" sagen" (ebd., S. 36). Der Ausdruck „ Wir" symbolisiert dabei die Gemeinsamkeit der Gruppe, welche das Ergebnis eines gemeinsam durchlaufenden Gruppenprozesses ist. In diesem Sinne existiert eine gemeinsame Vergangenheit, eine gemeinsame Gegenwart und eine gemeinsame Zukunft, die allerdings durch den Ausschluss anderer geschützt werden muss. Der gemeinsam durchlaufende Gruppenprozess liefert damit die Basis für den Zusammenhalt dieser Gruppe, gleichzeitig weist diese aber auch einen starken Organisationsgrad auf, d.h., im Laufe der gemeinsamen Entwicklung bildete sich eine Hierarchie heraus, die als Gruppennorm von allen anerkannt wird.

Die Gemeinsamkeit bzw. das „ Wir" einer Gruppe findet in einem gemeinsamen Normenkanon Ausdruck, die einzelnen Mitglieder üben dabei ein hohes Maß an gegenseitiger sozialer Kontrolle aus, hiermit wird die Einhaltung der Normen überwacht und sichergestellt, zu diesen Normen gehört insbesondere auch die Zustimmung zur Gruppenmeinung. „Die Strafe für die Abweichung [vom Normenkanon], und manchmal bereits für vermutete Abweichung ist Machtverlust und Statusminderung" (ebd., S. 40). Diese Selbstregulierung der Gruppe bedeutet damit aber auch einen Druck auf die einzelnen Mitglieder, denn ohne eine Anpassung an die Gruppennorm droht der Verlust am „Teilhabe am höheren menschlichen Wert der Gruppe" (ebd., S. 42).

Ähnlich dem Freudschen „*Ich*" und „*Ich-Ideal*" besitzen etablierte Gruppen eine Art „*Wir-Bild*" und „*Wir-Ideal*", hier besteht aber die potentielle Gefahr, dass ein übersteigertes „*Wir-Ideal*" bzw. ein „Phantasiebild der eigenen Größe" (ebd., S. 45) zur Selbstzerstörung oder aber zur Zerstörung interdependenter Gruppen führt. Gleichermaßen dient die Ablehnung und Stigmatisierung der Außenseiter zum Schutz des „*Wir-Bildes*" und des „*Wir-Ideals*", denn mit der „Beschmutzung" jener Außenseiter können diese soweit wie möglich vom Selbstverständnis bzw. Selbstbild der Etabliertengruppe weggerückt werden.

Etabliertengruppen sehen sich ob nun zu Recht oder Unrecht „einem dreifachen Angriff ausgesetzt: gegen ihre monopolistischen Machtquellen, gegen ihr Gruppencharisma und gegen ihre Gruppennormen und sie wehren sich, indem sie ihre Reihen gegen die Außenseiter schließen , indem sie die letzteren ausgrenzen und demütigen" (ebd., S. 56) und eben hier findet sich der Kernpunkt aller Etablierten-Außenseiter-Beziehungen.

Leistung der Theorie für die Entwicklung des theoretischen Modells

Mit der Theorie der Etablierten-Außenseiter-Beziehungen von Elias/Scotson gelingt es, auf der Basis eines kleinformatigen Erklärungsmodells, einen der wohl grundlegendsten gruppendynamischen Prozesse abzubilden: die Entstehung von Außenseitergruppen – und genau hierin liegt auch die Bedeutung jener Theorie für die Entwicklung eines theoretischen Modells des Fremdseins.

Diese Feststellung mag zunächst vielleicht fragwürdig erscheinen, denn was haben Außenseitergruppen überhaupt mit dem Fremden bzw. deren Fremdsein gemein?

Die Antwort hierauf fällt meines Erachtens relativ eindeutig aus, der Fremde trifft, entsprechend der bereits erfolgten Definition, auf eine etablierte Raumzeitwelt, sein „Eindringen" stellt aber eine potentielle Gefahr für die dort etablierte Normalität dar, davon ausgehend muss angenommen werden, dass der Fremde von den Etablierten ausgeschlossen wird, somit ist er ebenso ein Außenseiter. Umgekehrt zeigt die Theorie von Elias/Scotson, dass die Voraussetzung für die Entstehung einer Außenseitergruppe das vorherige Aufeinandertreffen dieser mit einer etablierten Gruppe ist, in diesem Fall werden die Außenseiter von den Etablierten natürlich auch als Fremde empfunden. Davon ausgehend meint der Begriff *„Außenseiter"* oftmals das Gleiche wie *„Fremder"* bzw. ist auch die Umkehrung gültig, im Folgenden soll entsprechend der gewählten Thematik allerdings mit dem Begriff des *„Fremden"* gearbeitet werden.

Mit der Theorie der Etablierten-Außenseiter-Beziehungen gewinnt zudem auch die Definition des Fremden an Klarheit, so beschreibt die „Raumzeitwelt" nichts anderes als das Territorium und insbesondere die dort geltende Sozialstruktur eben jener Gruppe der Etablierten, wie wir sie bei Elias/Scotson finden können. Jene Raumzeitwelt befindet sich damit im Besitz der Etablierten, die auf Grund ihrer Kohäsion eine Gemeinschaft bilden. Die potentielle Gefahr, welche dabei vom Fremden ausgeht, meint in diesem Sinne den dreifachen Angriff den sich die Etablierten zu Recht oder Unrecht, das sei hier noch dahingestellt, ausgesetzt sehen, also den Angriff auf ihre monopolistischen Machtquellen, ihr Gruppencharisma und ihre Gruppennormen.

Da jene Etablierten-Außenseiter-Beziehung nach Elias/Scotson ein universales soziales Phänomen ist, deckt sich diese vermutlich mit der bereits belegten inter- und intrakulturellen Normalität des Fremdseins, d.h., die in der Theorie beschriebene Beziehung weist mit großer Wahrscheinlichkeit auch Parallelen zum Fremdsein auf, welche das sind, wird sich im noch zu entwickelnden theoretischen Modell zeigen. Jene Definition des Fremden entspricht letztendlich der Sichtweise der Etablierten, der Fremde selbst würde sich natürlich auf eine andere Weise kennzeichnen.

Die Theorie der Etablierten-Außenseiter-Beziehungen basiert auch auf dem Zeitfaktor, d.h., in der gemeinsam verbrachten Zeit begründet sich die Kohäsion und damit die Macht der Etablierten, welche auf dieser Basis alle anderen ausschließen und zu Außenseitern machen. Andere Unterschiede, wie z.B. der Nationalität, der ethnischen Zugehörigkeit, der Religion, der sozialen Schicht etc., finden in den Ausführungen von Elias/Scotson nur am Rande Beachtung, da diese für das Fallbeispiel ohne Bedeutung waren. Aus diesem Grund halte ich es bei der Entwicklung des theoretischen Modells für notwendig, den Zeitfaktor als bisher einzigen Unterschied zwischen Etablierten und Außenseitern bzw. Fremden noch durch andere Unterscheidungskriterien zu erweitern.

Die Ausführungen von Elias/Scotson bilden ein umfassendes theoretisches Fundament für das Modell des perpetuierten, sogar generationsübergreifenden Fremdseins, als Ergebnis eines auf Dauer gestellten sozialen Mechanismus. Im einzelnen muss natürlich noch geprüft werden, inwieweit die Aussagen jener Theorie im Verlauf der Arbeit an Validität behalten.

2.1.2. Die Theorie des Stigmas

Nach der Theorie der Etablierten-Außenseiterbeziehungen von Elias/Scotson sollen nun Goffmans Ausführungen zum Begriff des Stigmas und zu den sozialen Mechanismen der Stigmatisierung als eine weitere theoretische Grundlage des noch zu entwickelnden Modells des Fremdseins betrachtet werden.

Jene sozialen Mechanismen der Stigmatisierung zählen meines Erachtens zu den elementarsten Formen des menschlichen Interaktionsgeschehens, der eigentliche Begriff des Stigmas lässt sich schon in der antiken Welt wiederfinden, seine Übersetzung aus dem Lateinischen bedeutet dabei soviel wie *„Brand- oder Schandmal"*. In diesem Sinne wurde der Ausdruck in der griechischen Kultur ursprünglich auch „als Verweis auf körperliche Zeichen, die dazu bestimmt waren, etwas Ungewöhnliches oder Schlechtes über den moralischen Zustand des Zeichenträgers zu offenbaren" (Goffman 1996, S. 9) genutzt. Gemeint waren hiermit also nicht-natürliche, in den

Körper geschnittene oder gebrannte Zeichen, die den Träger als rituell unrein auswiesen und die Meidung seiner Person verlangten, jene Form des Stigmas ist jedoch nicht kulturspezifisch vereinnahmt. Im christlichen Zeitalter erlangte der Begriff zudem auch metaphorische Bedeutung, so bezog er sich einerseits als religiöse Anspielung auf körperliche Zeichen göttlicher Gnade und andererseits als medizinische Anspielung auf sichtbare physischer Defekte. Heute wird der Begriff des Stigmas wieder weitgehend im ursprünglichen Sinne genutzt, hierbei steht allerdings die Unehre des Stigmatisierten im Vordergrund, weniger das Zeichen an sich. Doch worin liegt nun eigentlich die soziale Relevanz des Stigmas?

Die menschliche Interaktion ist immer auch mit der Kategorisierung von Personen verbunden, jede der dabei existierenden Kategorien beinhaltet bestimmte Attribute, deren Gültigkeit für die Mitglieder dieser Kategorie als natürlich und selbstverständlich angenommen wird. Abhängig von der jeweiligen sozialen Umwelt existieren etablierte und nicht-etablierte Personenkategorien. Die Einordnung eines Fremden in eine bestimmte Kategorie und die damit verbundene Merkmalzuschreibung erfolgt dabei schon im ersten Augenblick unseres Kontaktes – wir antizipieren die „soziale Identität" (ebd., S. 10) unseres Gegenübers. „Wir stützen uns auf diese Antizipation, die wir haben, indem wir sie in normative Erwartungen umwandeln, in rechtmäßig gestellte Anforderungen" (ebd.), doch dies geschieht unbewußt und ohne, dass wir es merken, zumindest bis zu dem Punkt, an dem wir feststellen, ob unser Gegenüber die an ihn gestellten Anforderungen erfüllt oder nicht. In diesem Sinne erhält der Fremde durch uns eine „virtuale soziale Identität" (ebd.), demgegenüber kennzeichnet die „aktuale soziale Identität" (ebd.) die Kategorie und die dazugehörigen Attribute, die dem Fremden tatsächlich entsprechen. Virtuale und aktuale soziale Identität können sich natürlich decken, sie müssen es aber nicht, in diesem Fall kann es passieren, dass wir bei unserem Gegenüber eine Eigenschaft entdecken, die ihn von anderen in dieser Kategorie unterscheidet, d.h., der Fremde entspricht damit nicht mehr seiner virtualen sozialen Identität. Ist diese Eigenschaft zudem auch noch negativ determiniert, wird unser Gegenüber von einer „ganzen und gewöhnlichen Person zu einer befleckten, beeinträch-

tigten herabgemindert, ein solches Attribut ist ein Stigma" (ebd.) und letztendlich das Ergebnis einer bekanntgewordenen oder offensichtlichen Diskrepanz zwischen virtualer und aktualer sozialer Identität. Somit ist ein
Stigma nichts anderes als eine diskreditierende Eigenschaft, deren Wirk-
samkeit aber immer an eine bestimmte Kategorie gebunden ist. „So ist also
ein Stigma in der Tat eine besondere Art von Beziehung zwischen Eigenschaft und Stereotyp" (ebd., S. 12).

Für den Stigmatisierten ergibt sich hieraus eine „doppelte Perspektive"
(ebd.), für den Fall, dass seine Kennzeichnung unmittelbar wahrnehmbar
bzw. bekannt ist, haben wir es mit einer diskreditierten Person zu tun, ist
hingegen anzunehmen, dass sein Stigma weder bekannt noch unmittelbar
wahrnehmbar ist, so ist seine Person zwar diskreditierbar, aber noch nicht
diskreditiert.

Die Möglichkeiten der Stigmatisierung sind dabei äußerst vielseitig, Goffman unterscheidet hierzu allerdings drei Hauptarten von Stigma: physische,
psychische und phylogenetische Stigmata. Überall lassen sich aber die
gleichen soziologischen Merkmale finden : „Ein Individuum, das leicht in
gewöhnlichen sozialen Verkehr hätte aufgenommen werden können, besitzt
ein Merkmal, das sich der Aufmerksamkeit aufdrängen und bewirken kann,
dass wir uns bei der Begegnung mit diesem Individuum von ihm abwen-
den" (ebd., S. 13).

Eine stigmatisierte Person ist letztendlich anders, als wir sie situativ antizipiert hatten, davon ausgehend nennt Goffman eine Person, die von diesen
Erwartungen nicht negativ abweicht einen „Normalen" (ebd.). Diese Normalität ist aber immer bezogen auf eine spezifisch definierte Situation und
den davon abgeleiteten Erwartungen an die beteiligten Akteure. Damit ist
zwar nun sicherlich deutlich geworden, was im Goffmanschen Sinne unter
Stigma und Stigmatisierung zu verstehen ist, doch wie begegnen wir diesen?

„Von der Definition her glauben wir natürlich, dass eine Person mit einem
Stigma nicht ganz menschlich ist, unter dieser Voraussetzung üben wir eine
Vielzahl von Diskriminationen aus, durch die wir ihre Lebenschancen

wirksam, wenn auch oft gedankenlos reduzieren" (ebd.). Gleichermaßen verfügen wir über eine regelrechte Stigma-Theorie, mit der wir die Minderwertigkeit der Stigmatisierten und die von ihnen ausgehende Gefahr begründen, zur Kennzeichnung dieser Personen gebrauchen wir zudem auch „spezifische Stigmatermini" (ebd., S. 14), die allesamt einen abwertenden Charakter besitzen. Das Stigma an sich wird als eine Art gerechte Strafe verstanden bzw. ausgelegt, damit können wird dann unser Verhalten gegenüber den Stigmatisierten rechtfertigen. Der Gekennzeichnete strebt natürlich nach Akzeptanz, doch durch seine Stigmatisierung wird ihm diese verwehrt, so kann er zwar versuchen seinen Defekt direkt oder indirekt zu korrigieren, völlig kann er sich aber nicht davon befreien, im umgekehrten Sinn kann das Stigma aber auch als Entschuldigung für das eigene Versagen herangezogen werden. In der Regel weiß der Stigmatisierte zwar um seine Situation, dennoch kann die unmittelbare Anwesenheit eines Normalen dazu beitragen, dass die negative Wirkung des Zeichens im größeren Maße verspürt wird, damit zeigt sich die soziale Problematik des Stigmas insbesondere beim gemischten Kontakt mit den „Normalen". Natürlich kann dieser durch konsequente Vermeidung bzw. „defensives Sichverkriechen" (ebd., S. 26) weitgehend umgangen werden, doch diese defensive Position des Stigmatisierten bestärkt den Normalen noch in seiner Stigma-Theorie. In den meisten Fällen wird diese Vermeidungsstrategie sicherlich nicht auf Dauer erfolgreich sein, der gemischte Kontakt wird somit unausweichlich. In diesen Momenten befindet sich der Stigmatisierte in großer Unsicherheit, denn er kann nicht wissen, was die anderen über ihn denken bzw. welche virtuale soziale Identität für ihn antizipiert wurde. „Zur gleichen Zeit können [...] kleinere Fehler oder zufällige Fehlleistungen als ein direkter Ausdruck seiner stigmatisierten Andersartigkeit interpretiert werden" (ebd., S. 25). In diesem Sinne sind Situationen des gemischten Kontakts immer durch Unbehagen begleitet, selbst ein offensives Zugehen des Stigmatisierten auf die Normalen kann daran nichts ändern, denn „wir werden das stigmatisierte Individuum entweder als zu aggressiv oder zu schüchtern empfinden und in beiden Fällen nur zu bereit, nichtintendierte Bedeutungen in unsere Haltung hineinzulesen" (ebd., S. 28).

Entscheidend für das Leben des Stigmatisierten sind bestimmte Lernerfahrungen in seinem Sozialisationsprozess, zum einen wird er den Standpunkt der Normalen kennenlernen, in sich aufnehmen und damit den „Identitätsglauben der weiteren Gesellschaft" (ebd., S. 45) erwerben, zum anderen wird er erfahren, dass er selbst ein Stigma besitzt. Der Zeitpunkt des Stigmaerwerbs und das Ereignis der Stigmaerfahrung sind dabei wichtige Variablen innerhalb dieses Sozialisationsprozesses. Eine große Rolle spielt hierbei sicherlich, ob ein Stigma angeboren oder aber erst später im Leben erworben wurde, hiervon ist letztendlich die Lebensorganisation des Betroffenen abhängig. In diesem Sinne existieren natürlich verschiedene Sozialisationsmuster, die sich auch bei Goffman finden lassen, insbesondere sein viertes Muster wird für die weitere Arbeit von Bedeutung sein, es veranschaulicht die Situation derer, die „anfänglich in einer fremden Gemeinschaft sozialisiert wurden [...] und die nun eine zweite Seinsweise erlernen müssen, die von ihrer Umgebung als die reale und gültige empfunden wird" (ebd., S. 49).

Die stigmatisierte Person ist allerdings nicht gänzlich auf sich gestellt bzw. völlig isoliert, denn es gibt auch „teilnehmende Andere" (ebd., S. 30), die dem Betroffenen das Gefühl geben, essentiell normal zu sein. Hierzu zählen insbesondere Leidensgenossen, also jene Personen, die über das gleiche Stigma verfügen. So ist es auch nicht weiter verwunderlich, dass die Mitglieder einer Stigmakategorie oftmals Gemeinschaften bilden, das allen gemeinsame Stigma fungiert in diesem Fall als Rekrutierungsbasis dieser Gruppe. Gerade größere Zusammenschlüsse von Stigmatisierten verfügen über Repräsentanten, die in der normalen Öffentlichkeit die Interessen ihrer Leidensgenossen vertreten. Neben den Leidensgenossen erhalten die Stigmatisierten aber auch Unterstützung von Personen, die „normal sind, aber deren besondere Situation sie intim vertraut und mitfühlend mit dem geheimen Leben der Stigmatisierten gemacht hat" (ebd., S. 40). Diese Personen verfügen über ein sogenanntes „Ehrenstigma" (ebd., S. 43) und erbringen den Beweis, dass es möglich ist, den Stigmatisierten wie einen Normalen zu behandeln, so als ob er gar kein Stigma hätte, denn gerade mit dieser Ungleichbehandlung werden die Rechte der stigmatisierten Gesell-

schaftsmitglieder beschnitten. Von jener Unterstützung durch die teilneh-
menden Anderen ist allerdings die unangemessene Hilfsbereitschaft als ein
Bestandteil der Stigmatisierung abzugrenzen.

Da sich die sozialen Mechanismen der Stigmatisierung letztendlich von
denen des Vorurteils unterscheiden, sind Stigma und Vorurteil auch voneinander abzutrennen.

In diesem Sinne sei insbesondere noch einmal auf eine bekanntgewordene
oder offensichtliche Diskrepanz zwischen virtualer und aktualer sozialer
Identität, bedingt durch die Existenz eines negativ determinierten Merkmals, als Ursache der Stigmatisierung einer Person hingewiesen, gleichermaßen muss aber auch beachtet werden, dass ein Stigma immer auch situa-
tions- und kontextgebunden ist.

*Leistung der Theorie des Stigmas für die Entwicklung des theoretischen
Modells*

Mit den Ausführung von Goffman wird meines Erachtens eine der elementarsten Formen des menschlichen Interaktionsgeschehens behandelt:
die sozialen Mechanismen der Stigmatisierung und ihre Folgen. Doch im
Gegensatz zu der von Elias/Scotson entwickelten Theorie der Etablierten-
Außenseiter-Beziehungen steht hier weniger ein gruppendynamischer Prozess, sondern vielmehr eine Form der Interaktion zwischen Individuen im
Vordergrund. Während bei Elias/Scotson die Stigmatisierung der Fremden,
bedingt durch den Kontext der Fallstudie, vor allem auf den Zeitfaktor und
dadurch existierende Machtdifferentiale zurückgeführt wird, zeigt Goffman
in diesem Sinne eine größere perspektivische Sichtweise auf, so erwähnt er
drei Typen von Stigma: physische, psychische und phylogenetische Stigmen, gerade letztere werden in den folgenden Ausführungen noch eine entscheidende Rolle spielen. Es zeigt sich also, dass eine Stigmatisierung des
Fremden nicht nur auf der Basis des Zeitfaktors möglich ist, sondern auch
durch seine Herkunft und den damit verbundenen phylogenetischen Merkmalen erfolgen kann, deren diskreditierende Eigenschaften zudem eine ex-
tensive Wirkung besitzen.

Auch der Begriff der Raumzeitwelt erfährt im Sinne Goffmans eine weitere Füllung, so existieren hier sowohl etablierte als auch nicht-etablierte Personenkategorien, der Fremde ist zweifellos Bestandteil letzterer. Davon ausgehend kann dieser natürlich nicht die virtuale soziale Identität besitzen, die in jener Raumzeitwelt antizipiert wird. Diese Diskrepanz zwischen der aktualen und virtualen sozialen Identität des Fremden findet ihre Ursachen in dem Attribut fremd bzw. anderer Herkunft zu sein, im Sinne der Normalen ist dieses Merkmal jedoch negativ determiniert. Da jene Diskrepanz zudem bekannt und wahrscheinlich auch offensichtlich ist, beschädigt sie seine soziale Identität, der Fremde als solcher ist demnach durch die Situation des Fremdsein bzw. dem Kontext der Herkunft stigmatisiert. In diesem Sinne ist er also nicht normal, denn die jeweils gültige Normalität wird durch die betreffende Raumzeitwelt vorgegeben.

Das Stigma des Fremdseins ist auch durch die Existenz eines von der Normalität der Raumzeitwelt abweichenden Sozialisationsmusters des Fremden gekennzeichnet, jenes Muster entspricht damit in Anlehnung an die Ausführungen von Elias/Scotson nicht der gemeinsamen Lebensweise und dem Normenkanon der Etablierten, hiermit aber kann die Minderwertigkeit des Fremden und die von ihm ausgehende Gefahr gerechtfertigt bzw. begründet werden, von der sowohl bei Elias/Scotson als auch bei Goffman die Rede ist.

Der in der Theorie des Stigmas beschriebene gemischte Kontakt zwischen Normalen und Stigmatisierten findet meines Erachtens seine Entsprechung im Kontakt zwischen Etablierten und Fremden, diese Übereinstimmung ist für die Entwicklung des theoretischen Modells von grundlegender Bedeutung. Mit Goffmans Überlegungen zu den sozialen Mechanismen der Stigmatisierung findet die Theorie der Etablierten-Außenseiter-Beziehungen von Elias/Scotson eine grundsätzliche Erweiterung in ihrer perspektivischen Sichtweise. Durch die Verbindung beider Theorien ergibt sich letztendlich das eigentliche theoretische Fundament jenes Modells des Fremdseins, das im Folgenden nun entwickelt werden soll.

2.2. Zur Entwicklung des theoretischen Modells

Mit der anfangs aufgestellten Definition des Fremden – welche besagt, dass immer derjenige fremd ist, der auf eine etablierte Raumzeitwelt trifft, in diese „eindringt" und als Folge dessen eine potentielle Gefahr für die dort etablierte Normalität darstellt – wurde schon im Vorfeld eine zentrale Aussage getroffen, ohne diese jedoch näher zu kommentieren oder zu erläutern, somit blieb bisher auch die Frage der Allgemeingültigkeit jener Definition unberührt. Die nun anstehende Entwicklung des theoretischen Modells des Fremdseins folgt zuallererst dem Ziel, ein universalgültiges Schema des Fremdseins aufzuzeigen, in diesem Zusammenhang erfolgt die Beschreibung eines gruppendynamischen Prozesses, den wir in dieser Form überall und jederzeit beobachten und erleben können, gelingt dies, so wird die Definition des Fremden verständlich bzw. nachvollziehbar sein und zudem auch den Anspruch auf Allgemeingültigkeit erheben können. Für die Entwicklung des theoretischen Modells möchte ich auf die Methode einer Art „strukturellen Beschreibung", wie wir sie beispielsweise auch bei der Prosainterpretation nutzen, zurückgreifen, somit ergibt sich an dieser Stelle eine Unterteilung in: handelnde Akteure, Ort der Handlung, Ausgangspunkt der Handlung, Handlung [in diesem Fall ein Handlungsschema] und Ergebnis der Handlung.

Als handelnde Akteure sind hier, die Etablierten und der Fremde zu nennen, dabei spielt es jedoch weder für das Modell, noch für die Definition eine entscheidende Rolle, ob jene Akteure in einer pluralen oder singulären Form in Erscheinung treten. Diese Unterscheidung kann meines Erachtens durchaus vernachlässigt werden, da sie das Handlungsschema an sich nicht verändert, davon ausgehend sind jene handelnden Akteure auch nicht näher bestimmbar. Die Rollenverteilung wird in diesem Sinne einzig und allein durch die entsprechende Raumzeitwelt vorgegeben, d.h., die Rollen des Fremden und die des Etablierten sind nicht raumzeitweltübergreifend an eine Person gebunden, sie sind vielmehr variabel.

Die jeweilige Raumzeitwelt der Etablierten wird hierbei zum Ort der Handlung, dieser muss innerhalb des Modells jedoch als ein Abstraktum begriffen werden, da jene Raumzeitwelt nämlich kein einheitliches Gebilde mit jederzeit klar erkennbaren und real existierenden Grenzen darstellt, sondern lediglich durch das soziale Kollektiv, in dessen Besitz sie sich befindet, definiert wird. Mit dieser Definition werden die zum Teil imaginären Grenzen und auch die soziale Struktur der jeweiligen Raumzeitwelt festgelegt. Der Faktor Zeit stellt in diesem Zusammenhang den Schlüssel für die Entstehung einer jeden Raumzeitwelt dar, so ist das Fundament aller sozialen Kollektive in der gemeinsam verbrachten Zeit zu suchen. Innerhalb dieser Phase können ehemals autonome Individuen einen Grad an Kohäsion entwickeln, der allerdings groß genug sein muss, dass auf dieser Basis auch eine Gemeinschaft entstehen kann. Als Ergebnis dessen bildet sich dann ein soziales Kollektiv heraus, dass nunmehr auch in der Lage sein wird, die eigene Raumzeitwelt zu definieren und sich damit zu etablieren, je nach Größe dieser Zusammenschlüsse können aber durchaus auch mehrere etablierte Gruppen in ein und derselben Raumzeitwelt existieren. Jene Etablierten verfügen in diesem Sinne über ein einheitliches Sozialisationsmuster, ihr Leben in der Gemeinschaft wird durch einen Normenkanon und gemeinsame Traditionen, aber auch mit Hilfe einer klar definierten hierarchischen Ordnung geregelt. Das Mittel der gegenseitigen sozialen Kontrolle sichert hierbei die Aufrechterhaltung der regelnden Faktoren und damit den Bestand der Raumzeitwelt an sich. Alle internen Verstöße gegen diese Ordnung stellen eine potentielle Gefahr für die Raumzeitwelt dar und werden durch die Gemeinschaft sanktioniert.

Das „Eindringen" des Fremden in eine dieser Raumzeitwelten hat nun zunächst erst einmal den gemischten Kontakt zwischen Etablierten und Fremden zur Folge. Kann das „Eindringen" jedoch schon im Vorfeld verhindert werden, so bleibt es für beide Parteien folgenlos, da vermutlich keine weiteren Handlungen als Konsequenz zu erwarten sind.

Die Beweggründe des Fremden, die ihn zum Betreten einer fremden Raumzeitwelt veranlasst haben bzw. veranlassen [werden], sind dabei für das theoretische Modell ohne Bedeutung. Der Grenzübertritt des Fremden und schon allein der Versuch dessen, führt seitens der Etablierten zunächst zu einem Gefühl der Gefährdung, sie sehen ihre Raumzeitwelt einem direkten externen Angriff ausgesetzt, denn sie müssen vermuten, dass der Fremde mit seinem Eintreten in die Raumzeitwelt auch eine Veränderung auslöst. Und in eben dieser möglichen „Irritation" der etablierten Normalität begründet sich auch der Gedanke einer potentiellen Gefährdung durch den Fremden. Eine solche Veränderung der etablierten Normalität könnte dabei in vielerlei Hinsicht erfolgen, im für die Etablierten ungünstigsten Fall z.B. in Form einer Um- bzw. Neuverteilung der ökonomischen Ressourcen oder einer Verschiebung der Machtpotentiale. In diesem Sinne bedeutet Veränderung gleichzeitig auch Verlust. Aber schon die Möglichkeit der kleinsten Veränderung des „genormten Alltags" wird als Gefährdung begriffen. Demzufolge muss der Fremden als Gefahr empfunden werden, unabhängig von seinen tatsächlichen Absichten, denn diese sind wahrscheinlich nicht bekannt und können daher nur vermutet werden. Der Fremde als unbekanntes Wesen mit unbekannten Absichten und Zielen verursacht Angst und somit auch ein Gefühl der Bedrohung. Allein aufgrund dieses Gefühls wird dann das Handlungsschema ausgelöst und damit universale soziale Mechanismen in Gang gesetzt.

Jenes Handlungsschemas folgt dabei dem primären Ziel, die vom Fremden ausgehende Gefahr zu eliminieren, als probatestes Mittel dient hier der Ausschluss des Fremden. Für das theoretische Modell ist es jedoch völlig belanglos ob vom Fremden eine objektive und reale Gefahr ausgeht, denn schon das subjektive Gefühl der Gefährdung genügt, um bei den Etablierten eine entsprechende Reaktion auszulösen. So ist es dann auch nicht verwunderlich, dass die subjektive Empfindung einer vom Fremden ausgehenden Gefahr ausgenutzt werden kann, um mit Hilfe darauf basierender Ressentiments und Reaktionen beispielsweise eigene Ziele in der Raumzeitwelt durchzusetzen oder aber von dort existierenden Problemen abzulenken. In diesem Fall wird der Fremde ein Mittel zum Zweck bzw. als „Sündenbock" missbraucht, Voraussetzung hierfür ist aber das Vorhandensein jener subjektiv gefühlten Gefahr, die dann gezielt in eine objektive und real existierende Gefahr umgedeutet und als solche propagiert wird.

Durch das „Eindringen" des Fremden und die von ihm ausgehende Gefahr bleibt den Etablierten nichts anderes übrig, als den Fremden aus ihrer jeweiligen Raumzeitwelt auszuschließen. Diese Reaktion erfordert jedoch ein Machtungleichgewicht zugunsten der Etablierten. Die dafür notwendigen Machtquellen lassen sich ohne weiteres in der Raumzeitwelt finden, da das soziale Kollektiv der Etablierten einen im Vergleich zu Fremden höheren Grad an Kohäsion besitzt. Zwischen Etablierten und Fremden bestehen demnach auf dem Gruppenzusammenhalt beruhende Machtdifferentiale zum Vorteil der Etablierten, die eine monopolistische Verfügbarkeit an Waffen und Produktionsmitteln als Basis der Macht nicht zwingend notwendig erscheinen lassen.

Jene Machtdifferentiale müssen aber unbedingt aufrecht erhalten werden, um den Ausschluss des Fremden weiterhin zu ermöglichen und die Raumzeitwelt auch schützen zu können, eine Umkehrung der Machtposition würde zwangsläufig zu einer Veränderung der Raumzeitwelt führen und damit nicht mehr der ursprünglichen Definition der Etablierten entsprechen. Jene Aufrechterhaltung der Machtdifferentiale kann durch das Mittel der Stigmatisierung erreicht werden, gleichzeitig ermöglicht diese aber auch eine Rechtfertigung des Verhaltens der Etablierten, dass ja letztendlich zum Ausschluss der Fremden führt. Verbunden damit ist zudem das Bewußtsein der eigenen Höherwertigkeit und die komplementäre Verachtung der nicht-etablierten Gruppen bzw. der Fremden. Die Stigmatisierung der Fremden nimmt demzufolge eine zentrale Rolle in diesem Handlungsschema ein, möglich wird dies zum einen auf der Basis jener bestehenden Machtdifferentiale und zum anderen durch die Existenz phylogenetischer Merkmale.

Gestützt auf die Machtquellen der eigenen Raumzeitwelt wird es den Etablierten möglich, den Fremden mit Hilfe einer pars-pro-toto-Verzerrung in entgegengesetzter Richtung zu stigmatisieren. Dabei werden dem Fremden die schlechten Eigenschaften der schlechtesten Teilgruppe, die ihm entsprechen könnte, zugeschrieben, umgekehrt ist das Selbstbild der Etablierten durch die Eigenschaften ihrer besten Mitglieder geprägt. In einer Art kollektiver Phantasie der Etablierten werden jene zugeschriebenen, aber nicht real existierenden negativen sozialen Eigenschaften dann verdinglicht und scheinen, damit auch objektiv vorhanden zu sein. In diesem Fall ist der

Fremde also weder direkten individuellen Vorurteilen ausgesetzt, noch muss er wahrhaftig durch eigene negative Eigenschaften gekennzeichnet sein, es erfolgt hier vielmehr eine stigmatisierende Merkmalszuschreibung, die einzig und allein auf der Nicht-Zugehörigkeit des Fremden beruht. Für diese Form der Stigmatisierung ist die Existenz von Merkmalen, die eine nachvollziehbare Unterscheidung zwischen Etablierten und Fremden möglich machen würde, demnach keineswegs notwendig. Die Kohäsion der Etablierten aufgrund der gemeinsam verbrachten Zeit und die damit verbundenen Machtdifferentiale sind hier also die einzige Voraussetzung um dem Fremden den Stempel der Minderwertigkeit aufdrücken und seinen Ausschluss begründen zu können. Ausgehend von dieser Perspektive wird deutlich, dass bestehende Machtdifferentiale zugunsten der Etablierten jene Stigmatisierung des Fremden ermöglichen und im Gegenzug die Stigmatisierung notwendig ist, um diese Machtdifferentiale aufrechterhalten zu können. Diese Form der Stigmatisierung finden wir in jeder etablierten Raumzeitwelt, die durch das „Eindringen" des Fremden in potentieller Gefahr ist, der Faktor Zeit [gemeint ist hier die gemeinsam verbrachte Zeit als Basis der Kohäsion] ist somit das zentrale Merkmal, um den Fremden von den Etablierten abzugrenzen und damit ausschliessen zu können.

Diese auf Machtdifferentialen beruhende Stigmatisierung kann durch die Existenz phylogenetischer Merkmale noch ergänzt werden, gemeint sind hier insbesondere die Merkmale der Rasse, Religion, Nationalität und der ethnischen Zugehörigkeit, die den Fremden von den Etablierten unterscheiden können, aber keineswegs vorhanden sein müssen. Ist der Fremde jedoch durch phylogenetische Merkmale gekennzeichnet, so kann er auf dieser Grundlage auch stigmatisiert werden, dennoch bleibt die zuvor aufgezeigte Form der Stigmatisierung bestehen, sie wird dabei lediglich durch das offensichtlichere phylogenetische Merkmal überlagert. Je ausgeprägter dieses Merkmal ist, um so einfacher und effektiver kann der Fremde stigmatisiert werden, hierbei wird die Verzerrung der Realität zudem überflüssig. Die Stigmatisierung des Fremden wird möglich, da er aufgrund seines phylogenetischen Merkmals nicht die virtuale soziale Identität, über die er in dieser Raumzeitwelt jedoch verfügen sollte, besitzt. Es entsteht eine

Diskrepanz zwischen virtualer und aktualer sozialer Identität des Fremden, da er über ein durch die Etablierten negativ definiertes Merkmal verfügt. In diesem Sinne ist anzunehmen, dass das phylogenetische Merkmal offensichtlich oder zumindest bekannt ist, der Fremde als solcher ist also diskreditiert. Jene phylogenetischen Stigmen sind im Sinne der Etablierten ein Ausdruck für die Minderwertigkeit des Fremden und dienen damit ebenso der Rechtfertigung für seinen Ausschluss.

Insgesamt wird das Handlungsschema also durch die Stigmatisierung des Fremden dominiert, denn nur wenn die Minderwertigkeit des Fremden auch zweifelsfrei belegt werden kann, wird es möglich, seinen Ausschluss vor den Mitgliedern der etablierten Gruppe zu rechtfertigen. Mit Hilfe der Stigmatisierung wird letztendlich der Erhalt jener bestehenden Machtdifferentiale gesichert, der Fremde kann damit natürlich auch weiterhin ausgeschlossen und so die von ihm ausgehende Gefahr für die Raumzeitwelt eliminiert werden.

Als Ergebnis dieses Handlungsschemas steht in erster Linie der Ausschluss des Fremden aus der Raumzeitwelt und damit die Beseitigung der von ihm ausgehenden potentiellen Gefahr, unabhängig davon, ob tatsächlich zu irgendeinem Zeitpunkt eine reale Gefährdung existiert hat. Infolgedessen kann sich der Fremde zwar weiterhin innerhalb der Grenzen jener Raumzeitwelt aufhalten, er ist damit aber keineswegs ein Teil dieser, d.h., das Ausschließen des Fremden muss sich nicht zwangsläufig auf seine „Abschiebung" aus der Raumzeitwelt beziehen, sondern findet vielmehr Ausdruck in seiner Ungleichbehandlung, in diesem Sinne besitzt er weder die gleichen Rechte, noch den Zugang zu den gleichen Ressourcen wie die Etablierten. Für ihn besteht daher ferner die Gefahr in ein Abhängigkeitsverhältnis nicht nur ökonomischer Natur zu geraten, was wiederum eine Verstärkung der bestehenden Machtdifferentiale zur Folge hätte. Im Gegenzug wird es den Etablierten möglich, den Fremden aufgrund seiner stigmatisierten Identität für eigene Ziele gleich welcher Art auszunutzen. Für den Fall, dass der Fremde jedoch keinerlei Wert für die Etablierten aufweisen sollte, kann er natürlich auch aus den Grenzen der Raumzeitwelt entfernt werden. Die extremste Form eines Ausschlusses stellt hierbei die gezielte Tötung des Fremden dar, welche in der gesamten Geschichte der Menschheit niemals eine Ausnahme bildete, sondern eher als eine feste Größe im Umgang mit dem Fremden zu betrachten ist. Als Konsequenz dieses Handlungsschemas resultiert letztendlich das, durch den Ausschluss von der Raumzeitwelt bedingte, Fremdsein und damit verbunden die Außenseiterrolle des Fremden.

Davon ausgehend zeigt das Modell des Fremdseins meines Erachtens eine Art Schema auf, dem das Fremdsein grundsätzlich folgt, doch nur durch die relative Unbestimmtheit der Raumzeitwelt und der handelnden Akteure kann hiermit ein universaler Anspruch geltend gemacht werden. Ebenso kann auch der Ausschluss des Fremden nicht genauer definiert werden, an dieser Stelle muss es genügen, dessen Grundlage zu kennen: die Stigmatisierung des Fremden. Festzuhalten bleibt aber, dass der Umgang mit dem Fremden generell durch sein Ausschliessen determiniert wird, die Art und Weise wie dieses geschieht, ist dabei jedoch **abhängig von der Situation und dem Kontext der jeweiligen Raumzeitwelt.** In diesem Sinne müssen die, uns in großer Zahl zur Verfügung stehenden Erklärungsmodelle und Deutungsmuster für fremdenfeindliche Orientierungen jeweils als Erklärung für eine spezifische Situation oder einen spezifischen Kontext einer bestimmten Raumzeitwelt betrachtet werden, als Konsequenz dessen besitzen diese natürlich keinen Anspruch auf universale Gültigkeit. Zudem existiert natürlich auch eine große Bandbreite an möglichen Umgangsformen, diese reichen beispielsweise von einem bloßen Gefühl der Abneigung gegenüber dem Fremden, über die Fremdenfeindlichkeit, bis hin zur gezielten Tötung des Fremden. Die Fremdenfeindlichkeit nimmt in diesem Zusammenhang eine Sonderstellung ein, denn sie bezieht sich nur auf denjenigen Fremden, der als Ausländer näher bestimmt ist und damit über phylogenetische Merkmale verfügt. Diese Form des Umgangs mit dem Fremden soll, wie zuvor schon angekündigt, im Folgenden am Beispiel Ostdeutschlands noch näher betrachtet und auch erklärt werden. Da wir der Situation des Fremdseins jederzeit und überall begegnen können, bedarf es einer einheitlichen Erklärung, die so natürlich auch auf die drei eingangs erwähnten

Beispiele anwendbar sein muss. Damit dieses Ziel jedoch möglich wird, halte ich eine Erweiterung des Modells für unumgänglich.

2.3. Eine Erweiterung des theoretischen Modells

Mit der Erweiterung des theoretischen Modells sollen nun auch einige Aspekte Berücksichtigung finden, die sich insbesondere auf den Umgang mit dem Fremdsein beziehen. Denn gerade jene Situation des Fremdseins muss keineswegs statischer Natur sein, dementsprechend besitzt der Fremde natürlich auch verschiedene Chancen, die allerdings auch von der Situation und dem Kontext in der jeweiligen Raumzeitwelt abhängig sind.

Der Ausschluss des Fremden kommt insbesondere in der Situation des gemischten Kontakts mit den Etablierten zum Tragen, hier erfährt er die direkten Auswirkungen seines Fremdseins, welche natürlich immer von der jeweiligen Raumzeitwelt abhängig sind. In diesem Zusammenhang ist davon auszugehen, dass der Fremde um seine Situation weiss, d.h., ihm muss sein Ausschluss und auch dessen Ursache bewußt sein, dementsprechend kann und wird er sein Leben auf dieser Basis organisieren. Da gerade eine direkte Konfrontation mit den Etablierten jenes Fremdsein unmittelbar spürbar werden lässt, kann der Fremde beispielsweise Vermeidungsstrategien entwickeln um diesen Situationen zu entgehen. Im Gegenzug könnte er aber auch versuchen, sich den Etablierten zu nähern, um damit eventuell eine Aufhebung des Ausschlusses zu erzielen. Doch egal, ob der Fremde der Strategie des defensiven Verkriechens oder des offensiven Aufeinanderzugehens folgt, in beiden Fällen wird er von den Etablierten entweder als zu schüchtern oder zu aggressiv empfunden, dies hat aber wiederum einen Einfluss auf die Art und Weise seines Ausschlusses. Sollte der Fremde als solcher nicht diskreditiert sondern lediglich diskreditierbar sein, kann er zudem versuchen, sein Fremdsein zu verheimlichen, die Entdeckung dieser „Lüge" bliebe vermutlich aber nicht folgenlos. Das Fremdsein bietet dem Fremden zudem auch eine Entschuldigung für das eigene Versagen, jedoch unabhängig davon, ob dieses tatsächlich als direkte Folge seiner Situation eingetreten ist, in ähnlicher Weise werden die Etablierten Fehler, die sie bei dem Fremden eventuell feststellen, als einen Ausdruck seiner Andersartigkeit werten.

Als Ergebnis des Handlungsschemas steht bekanntermaßen der Ausschluss des Fremden, gleich welcher Art, doch muss die damit verbundene Außenseiterrolle weder dauerhaft noch absolut sein. So ist der Fremde in vielen Fällen nicht gänzlich auf sich gestellt bzw. völlig isoliert, sondern er erlebt, bedingt durch teilnehmende Andere, das Gefühl essentieller Normalität. Diese Hilfe erfährt er insbesondere durch Leidensgenossen, in diesem Sinne also Personen die sich aus den gleichen Gründen in der Situation des Fremdseins befinden. Dieses gemeinsame Leiden verbindet die Fremden miteinander und kann, einen gewissen Grad an Kohäsion vorausgesetzt, zur Herausbildung einer eigenen Gemeinschaft führen, in der das Fremdsein die Funktion einer Rekrutierungsbasis einnimmt. Gerade in größeren Raumzeitwelten werden solcherart Zusammenschlüsse anzutreffen sein, die ab einer gewissen Mitgliederzahl vielleicht sogar über Repräsentanten verfügen, welche dann in der Öffentlichkeit der jeweiligen etablierten Raumzeitwelt die Interessen ihrer Gruppe der Fremden vertreten. Jene Gemeinschaft kann zu einer weiteren Orientierungsbasis des eigenen Lebens werden und bietet zudem eine Rückzugsmöglichkeit innerhalb dieser Welt der Etablierten. Neben den Leidensgenossen können die Fremden unter Umständen auch Hilfe von einzelnen Mitgliedern der etablierten Gruppe erwarten, jene Personen sind mitfühlend bzw. verfügen über ein grundlegendes Verständnis für die Situation des Fremdseins. Sie bringen dem Fremden Akzeptanz entgegen und behandeln ihn damit wie einen von ihnen, in diesem Sinne engagieren sie sich auf vielfältige Art und Weise gegen den drohenden oder schon erfolgten Ausschluss, als „Lohn" können diese Etablierten ehrenhalber in den Kreis der Fremden aufgenommen werden. Doch diese Unterstützung verstößt gegen den geltenden Normenkanon der Raumzeitwelt und gefährdet diese, da der Ausschluss des Fremden als eine dort allgemeingültige Regel missachtet wird. Jenes Verhalten bleibt durch die gegenseitige soziale Kontrolle vermutlich nicht unentdeckt und als Konsequenz dessen droht diesen Etablierten eine Sanktionierung durch die anderen Mitglieder ihrer Raumzeitwelt. Diese Unterstützung der Fremden kann unter Umständen sogar eine Verschiebung der Machtdifferentiale zuungunsten der Etablierten bewirken, da hiermit ihr Vermögen, den Fremden zu stigmatisieren abnimmt, dies ist aber wiederum die Voraussetzung zum Erhalt der bestehenden Machtdifferentiale. Ebenso kann es den Fremden durch einen hohen Grad an Kohäsion möglich werden, diese Machtquellen zu vereinnahmen. In diesem Zusammenhang würde sich natürlich auch die ursprüngliche Definition der betreffenden Raumzeitwelt verändern. Im für die Etablierten ungünstigsten Falle tritt jene Verschiebung der Macht in einer Dimension auf, die genügt, um aus den ehemals Fremden eine Gruppe der Etablierten und damit der neuen Besitzer dieser Raumzeitwelt werden zu lassen. Insbesondere die Möglichkeit einer Neudefinition der Raumzeitwelt oder gar der Verschiebung der Machtpotentiale begründet hier die vom Fremden ausgehende potentielle Gefahr.

Die Situation des Fremdseins muss weiterhin auch nicht von immerwährender Dauer sein, im Laufe der Zeit ist eine Transformation vom Fremden zu einem Mitglied der etablierten Gruppe durchaus möglich, ohne dabei aber eine Gefahr für die Raumzeitwelt darstellen zu müssen. In diesem Fall wird das Fremdsein durch den gleichen Faktor aufgehoben, der die Stigmatisierung zuvor erst möglich gemacht hatte: die Zeit, genauer gesagt die gemeinsam verbrachte Zeit als Basis für die Entstehung eines sozialen Kollektivs und der damit verbundenen Definition einer Raumzeitwelt. Besteht zudem allerdings auch noch ein phylogenetisches Stigma, so wird diese Transformation erschwert oder sogar unmöglich, da dieses Merkmal dauerhaft und eventuell auch offensichtlich ist, in diesem Sinne wird es zu einem Ausdruck einer immerwährenden Nonkonformität. Für den Fall, dass eine Transformation dennoch gelingen sollte, ergibt sich die potentielle Gefahr einer jederzeit möglichen Reaktivierung des Fremdseins. Mit Hilfe dieser Reaktivierung wird es den Etablierten bei Bedarf möglich, den ehemals Fremden und nun auch Etablierten wieder fremd zu machen. Somit führt ein phylogenetisches Stigma trotz einer erfolgten Integration, zu einem kontinuierlichen Fremdbleiben im Hintergrund, das jederzeit wieder zu einem Fremdsein mit all seinen Konsequenzen werden könnte.

Durch den Faktor Zeit ergibt sich eine weitere Facette des Fremdseins: das temporäre Fremdsein in der Phase des Noviziats. In diesem Sonderfall kann der Fremde ebenso als „der Neue" bzw. auch als Novize bezeichnet werden. Dieses Fremdsein finden wir insbesondere, wenn Etablierte einer größeren Raumzeitwelt in eine ihr untergeordnete und meist institutionalisierte Raumzeitwelt „eindringen".

Dies setzt natürlich voraus, dass die jeweilige Raumzeitwelt auch [auf mehreren Ebenen] untergeordnete Raumzeitwelten[17] besitzt, ist dies der Fall, so

---

[17] In diesem Zusammenhang ist das Abstraktum Raumzeitwelt kein völlig autarkes Gebilde, einzelne Raumzeitwelten können somit auf verschiedenen Ebenen miteinander vernetzt und zum Teil auch voneinander abhängig sein, diese Feststellung ändert jedoch nichts an den bisher getroffenen Aussagen, sondern weist lediglich eine neue Perspektive auf. Zum Verständnis jener Perspektive soll an dieser Stelle Bronfenbrenners „Modell der Ökologie menschlicher Erfahrung" herangezogen werden, denn die dort getroffenen Aussagen sind für das weitere Verständnis dieser Arbeit, insbesondere für den empirischen Teil, von nicht unerheblicher Bedeutung (vgl. dazu Oerter und Montada 1995, o.S.).

Die Raumzeitwelt [Bronfenbrenner nutzt hier den Begriff des Settings] ist ein Ort mit spezifischen physikalischen Eigenschaften, in dem die Teilnehmer aktiv sind, die Faktoren: Ort, Zeit, physikalische Eigenschaften, Aktivität und die Rollenübernahme der Teilnehmer sind die Kernelemente jener Raumzeitwelten. Diese bilden die Grundlage ökologischer Systeme, die Entwicklung des Menschen verläuft hierbei in ineinander verschachtelten Ökosystemen, deren Elemente sich gegenseitig beeinflussen. Es existieren vier Arten von Ökosystemen mit kontinuierlicher Größenzunahme.

Mikrosystem: kennzeichnet die unmittelbare Raumzeitwelt in der das Individuum lebt. *Mesosystem*: besteht aus zwei oder mehr Raumzeitwelten denen das Individuum angehört, zwischen diesen treten Wechselwirkungen aber auch Widersprüche auf. *Exosystem*: besteht aus mindestens einer Raumzeitwelt, der das Individuum allerdings nicht angehört, dennoch bestehen wechselseitige Einflüsse.

Makrosystem: ist eine alle Individuen regelnde Gesamtkultur, ein Werte- und Normensystem, in diesem Sinne also eine Art übergeordnete Raumzeitwelt.

Mit diesen Ausführungen Bronfenbrenners wird die Raumzeitwelt nach wie vor nicht näher bestimmt, sondern letztendlich nur die Möglichkeit der Vernetzung auf mehreren Ebenen verdeutlicht. Gerade für die Vielzahl an Erklärungen und Deutungsmustern für die spezifischen Formen des Umgangs mit dem Fremden weist diese Feststellung eine wichtige Perspektive auf, denn in diesem Zusammenhang sind nicht nur Kontext und Situation einer übergeordneten Raumzeitwelt zu betrachten, sondern auch möglicher untergeordneter und zudem auch anderer mit ihr vernetzter Raumzeitwelten!

folgt das Fremdsein zunächst dem aufgezeigten Handlungsschema und hat dementsprechend auch die gleichen Ergebnisse, also den Ausschluss des Fremden, zur Folge. Jenes Fremdsein existiert jedoch nur innerhalb dieser Phase des Noviziats und wird danach abgelegt, es dient in diesem Sinne der Initiation in eine Raumzeitwelt und beinhaltet bestimmte Initiationsrituale.

Diese Rituale sind dabei, als eine menschliche, konventionalisierte und obligatorische Ausdrucksform zu verstehen, welche einzig und allein dem Ziel folgt, die bestehenden Gruppennormen zu offenbaren (vgl. Turner 1989, S. 13). Mit den Übergangsriten wird das Individuum von einer bestimmten Raumzeitwelt in eine ebenso bestimmte Raumzeitwelt hinüber geführt (vgl. Gennep 1964, S. 374ff.). Damit wird das Ritual zu einer Schwelle und das Individuum zu einem Schwellenwesen bzw. einem Fremden auf Zeit [Novize o.a. Neuer]. Der Novize besitzt in dieser Zeit keinen richtigen raumzeitweltlichen Status, kein Eigentum und keine Insignien, d.h., es fehlen ihm zunächst all die Dinge, die auf einen Rang, eine Rolle oder eine Position innerhalb dieser Raumzeitwelt schließen lassen würden (vgl. Turner 1989, S. 95f.) und hierin begründet sich sein zeitlich begrenztes Fremdsein, das ihn für eine gewisse Dauer von den Etablierten unterscheidet. Das Noviziat lässt sich dabei in drei Phasen unterteilen: die präliminale, die liminale und die postliminale Phase (vgl. Gennep 1964, S. 374ff.). In der ersten Phase erfolgt die symbolische Trennung von der bisherigen Raumzeitwelt, in welcher der Novize noch den Status eines Etablierten besaß. Die darauf folgende Phase versetzt den nun Fremden außerhalb von Raum und Zeit, er ist damit frei von raumzeitweltlichen Rollen und Funktionen und befindet sich in einer Art Schwellenzustand. Erst in der letzten Phase wird der Zustand des Fremdseins überwunden und der Novize in seine Rolle als Etablierter eingeführt. Die jeweiligen Initiationsrituale sind obligatorisch und in ihrer Form immer an eine bestimmte Raumzeitwelt gebunden, die eigentliche Phase des Noviziats und der Initiationsrituale ist hingegen in jeder bekannten Kultur zu finden und stellt eine temporäre Form des Fremdseins dar. Noviziat und Initiationsrituale lassen sich zum Teil auch in der zuvor beschriebenen Transformation vom Fremden zum Mitglied der etablierten Gruppe auf der Basis der gemeinsam verbrachten Zeit wiederfinden. Der eigentliche Unterschied zwischen beiden Möglichkeiten ergibt sich dadurch, dass das temporäre Fremdsein nur eine zeitlich begrenzte Phase des Übergangs von einer Raumzeitwelt in eine andere darstellt und einzig und allein der Initiation und der Vermittlung eines Normenkanons dient. In diesem Sinne ist der Novize von Anfang an dazu bestimmt, die Rolle eines Etablierten zu übernehmen. Im Gegensatz dazu setzt die Transformation gemeinsam verbrachte Zeit voraus, in deren Verlauf es natürlich auch zur Vermittlung der jeweils gültigen Normen kommt, der Fremde besitzt hier jedoch keine verbindliche Option auf eine Transformation. Welche der beiden Möglichkeiten wirksam wird, ist immer von der Situation und dem Kontext abhängig.

Eines sollte an dieser Stelle nicht vergessen werden: derjenige Fremde, der im Simmelschen Sinne „heute kommt und morgen bleibt" (Simmel 1987, S. 63), kann mit den Etablierten natürlich auch „eine Form des Miteinander und der wechselwirkenden Einheit bilden" (ebd., S. 64), die Etablierten und der Fremde bedürfen sich in diesem Sinne gegenseitig, sie sind voneinander abhängig. Voraussetzung hierfür ist jedoch, dass dem Fremden eine Eigenschaft, gleich welcher Art, innewohnt, die den Etablierten nicht gegeben, für sie aber von existentieller Notwendigkeit ist. Der Fremde wird somit zu einem unentbehrlichen Teil der Raumzeitwelt und als solcher auch geschätzt und „gepflegt".

Mit dieser Erweiterung des theoretischen Modells wird in erster Linie deutlich, dass das Fremdsein keineswegs das Verharren in einem statischen Zustand bedeutet, sondern vielmehr auch wandlungsfähig ist, der Fremde besitzt demnach auch Chancen, natürlich immer in Abhängigkeit von Kontext und Situation. In diesem Zusammenhang behält die Definition des Fremden in vollem Umfang ihre Gültigkeit, doch muss sie ein weiteres mal erweitert werden, so kann der Fremde nun folgendermaßen definiert werden: Fremd ist immer der, der auf eine etablierte Raumzeitwelt trifft, in diese „eindringt" und infolgedessen eine potentielle Gefahr für die dort etablierte Normalität darstellt, dieser Gefahr wird mit dem Ausschluss des Fremden, gleich welcher Art, begegnet und führt damit zu dessen Fremdsein, der Zustand des Fremdseins kann überwunden werden.

Damit sollte das theoretische Modell des Fremdseins meines Erachtens nun aber auch in der Lage sein, ein universalgültiges Schema aufzuzeigen, dem das Fremdsein letztendlich folgt.

Letzte Anmerkungen zum theoretischen Modell des Fremdseins

Die Entwicklung des theoretischen Modells erfolgte größtenteils aus einer imaginären perspektivischen Sichtweise der Etablierten, da sie es sind, die den Fremden letztendlich auch ausschließen und damit sein Fremdsein erst hervorrufen. Ebenso entsprechen die Formulierungen des „Eindringens" und der „potentiellen Gefahr" jener Sichtweise der Etablierten, diese Perspektive ist zudem aber auch die Grundlage für die Definition des Fremden. Diese Definition muss, nicht zuletzt durch ihre Erweiterung, als zentrale Aussage des theoretischen Modells verstanden werden, sie erfüllt somit die Funktion einer Art Zusammenfassung.

Bei der Entwicklung des Modells wurde, wie zuvor schon einmal angemerkt, zugunsten einer universalen Gültigkeit auf eine nähere Bestimmung der handelnden Akteure, der Raumzeitwelt und des Ausschlusses der Fremden verzichtet. Als Ergebnis existiert nun aber auch ein Modell, mit dessen Hilfe das Fremdsein jederzeit und überall erklärt werden kann. Davon ausgehend darf die Darstellung natürlich nur als ein grobes Schema begriffen werden, das im Einzelfall immer auch einer weiteren Spezifikation bedarf.

Grundlegend für das Verständnis dieses Modells ist, dass das Fremdsein zwar generell diesem aufgezeigten Schema folgt, so zumindest meine Annahme, die spezifische Form des Umgangs mit dem Fremden, also die Art und Weise seines Ausschlusses, ist dabei aber immer von der Situation und dem Kontext der jeweils zu betrachtenden Raumzeitwelt abhängig. In diesem Sinne gilt es, bei der Vielzahl der uns zur Verfügung stehenden Deutungsmuster und Erklärungen für den Umgang mit dem Fremden zu beachten, dass diese immer nur für den Kontext und die Situation einer spezifischen Raumzeitwelt Gültigkeit besitzen bzw. davon abhängig sind, existieren zudem untergeordnete oder auf andere Art und Weise vernetzte

Raumzeitwelten, so muss die Gültigkeit überprüft und gegebenenfalls eingeschränkt werden. Diese Feststellung trifft natürlich auch, für den folgenden Erklärungsversuch, bei dem die Fremdenfeindlichkeit als eine spezifische Form des Umgangs mit dem Fremden untersucht werden soll, zu. Kontext und Situation werden in diesem Fall durch das Beispiel der Raumzeitwelt „DDR" bzw. „Ostdeutschland" bestimmt.

3. Die Fremdenfeindlichkeit als eine spezifische Form des Umgangs mit dem Fremden am Beispiel Ostdeutschlands

Die Fremdenfeindlichkeit wurde im Zusammenhang mit der Entwicklung des theoretischen Modells des Fremdseins als eine mögliche Form des Umgangs mit dem Fremden genannt, gleichzeitig wurde aber auch festgestellt, dass als Ergebnis des Umgangs mit dem Fremden [zunächst] grundsätzlich sein Ausschluss steht, die Art und Weise wie dieses geschieht ist dabei jedoch von der Situation und dem Kontext der jeweiligen Raumzeitwelt abhängig. Nun können natürlich nicht alle Umgangsformen näher betrachtet werden, dies wäre ohnehin kaum realisierbar, so soll an dieser Stelle eine Beschränkung auf die Fremdenfeindlichkeit erfolgen, welche zudem auch eine Sonderform des Umgangs darstellt, da sie von Anfang an eine nähere Bestimmung des Fremden und auch der Raumzeitwelt vornimmt. Der Fremde ist in diesem Fall ein Ausländer und verfügt damit zwangsläufig über bestimmte phylogenetische Merkmale, die Raumzeitwelt, in die er „eindringt", ist auf ethnischer, nationaler oder staatlicher Ebene definiert und in diesem Sinne ein Makrosystem, das als Gesamtkultur einen großen Teil der Normen und Werte für die auf verschiedenen Ebenen untergeordneten Raumzeitwelten vorgibt. Die Fremdenfeindlichkeit als Umgangsform finden wir vermutlich in fast allen Raumzeitwelten, die auf eben dieser ethnischen, nationalen oder staatlichen Ebene definiert sind. Jedoch halte ich es für vorteilhaft, nicht irgendwo in der Welt ein passendes Beispiel zu suchen, da wir die Fremdenfeindlichkeit auch direkt vor unserer Haustür finden. So weist das, in der Einführung erstellte, kurze Lagebild zum Rechtsextremismus in Deutschland einen signifikanten Unterschied bezüglich fremdenfeindlicher Straf- und Gewalttaten zwischen West- und Ostdeutschland auf. Dieser Unterschied zuungunsten der östlichen Bundesländer muss Ursachen haben, aus diesem Grund wurde gezielt das Beispiel Ostdeutschlands gewählt, ohne damit aber den Eindruck einer territorialen Begrenzung des fremdenfeindlichen Problems erwecken zu wollen.

Das Ziel der nun folgenden Ausführungen ist ein Erklärungsversuch, der die möglichen Ursachen für das hohe Maß an Fremdenfeindlichkeit in Ostdeutschland aufzeigen soll, natürlich kann mit diesem Versuch kein Anspruch auf Allgemeingültigkeit erhoben werden, vielmehr soll er nur zur Diskussion und zum Nachdenken anregen. Die in diesem Fall zu betrachtende Raumzeitwelt ist demnach Ostdeutschland bzw. die DDR, also ein Makrosystem auf der Basis einer vorwiegend nationalen Definition.

Als Akteure treten hier die Ostdeutschen bzw. die DDR-Bürger als Etablierte und die Ausländer als Fremde auf, bei diesen Fremden handelt es sich jedoch vorwiegend um die Vertragsarbeitnehmer der DDR und Asylsuchende. Als empirisches Fundament des Erklärungsversuchs dient zum einen der Umgang mit den Fremden in der DDR und zum anderen der Umgang mit ihnen in Ostdeutschland nach 1989. Mit Hilfe dieserZustandsbeschreibung kann das Handlungsschema der Etablierten und damit auch die Art und Weise des Ausschlusses der Fremden aufgezeigt werden.

In diesem Zusammenhang wird ein fremdenfeindliches Handlungsschema dargestellt, **das zwar keineswegs allen Ostdeutschen und DDR-Bürgern angelastet werden darf**, insgesamt aber als ein signifikanter Unterschied zwischen Ost- und Westdeutschland angeführt werden kann. Der hier angestrebte Erklärungsversuch basiert damit auf dem spezifischen Kontext und der spezifischen Situation in der Raumzeitwelt „Ostdeutschland" bzw. „DDR". Da jene Raumzeitwelt aber nun ein Makrosystem darstellt, darf mit diesem Erklärungsversuch kein Anspruch auf universale Gültigkeit erhoben werden, denn Kontext und Situation untergeordneter und mit ihr vernetzter Raumzeitwelten können nicht berücksichtigt werden.

3.1. Der Umgang mit Fremden in der DDR

3.1.1. Ausgangsbedingungen

„Die DDR hatte seit ihrer Gründung 1949 das Problem, dass viele ihrer Bürger dort nicht leben wollten und versuchten, die Republik zu verlassen..., diese Kräfte fehlten auf dem Arbeitsmarkt der DDR, deshalb musste sich die Partei- und Staatsführung nach der zweiten großen Auswanderungswelle von 1960/61 Gedanken machen, wie sie zum einen die Migration stoppen, zum anderen dem Mangel abhelfen könnte" (Jaschke, Rätsch u. Winterberg 2001, S. 59).

Mit dem Bau der Mauer im Jahre 1961 konnte das Problem der Abwanderung fast vollständig gelöst werden, doch immer noch fehlten Arbeitskräfte in der DDR. So kam es dann, ähnlich wie in der BRD, bereits in den 50er und 60er Jahren zum Einsatz ausländischer Arbeitskräfte, jedoch handelte es sich hierbei „weniger um ein Phänomen von Arbeitsmigration als vielmehr um den Versuch, durch Arbeitskräfteaustausch und Qualifizierungsprogramme innerhalb der Partnerländer des Rates für Gegenseitige Wirtschaftshilfe [RGW] deren wirtschaftliche und soziale Annäherung zu fördern und speziell Entwicklungsdifferenzen auszugleichen" (Marburger [Hrsg.] 1993, S. 9). Der Einsatz dieser, zumeist aus Polen Bulgarien und Ungarn stammenden, ausländischen Arbeitskräfte fiel zahlenmäßig allerdings kaum ins Gewicht (vgl. Jasper 1991, S. 151ff.), der Arbeitskräftemangel konnte somit nicht behoben werden. Eine Beschäftigung ausländischer Arbeiter setzte erst in den 70er und 80er Jahren in größerem Maße ein, im Gegensatz zur BRD wurden diese Arbeiter „nicht individuell, sondern auf der Grundlage von zwischenstaatlichen Abkommen kollektiv angeworben" (Marburger [Hrsg.] 1993, S. 9). Hießen diese in der BRD „Gastarbeiter", so waren es in der DDR „Fremdarbeiter", eine grundlegende Gemeinsamkeit ergab sich jedoch: „beide deutsche Staaten sollten in ihrer Meinung, die ausländischen Arbeiter würden ihr Gastland nach getaner Arbeit ohne weiteres wieder verlassen, dem gleichen Irrtum unterliegen" (Jaschke, Rätsch u. Winterberg 2001, S. 59). Auf der Grundlage geheimer Regierungsabkommen wurden diese Arbeiter zu der größten Gruppe von permanent in der DDR lebenden Ausländern (vgl. Poutrus, Behrends u. Kuck 2000, S. 20).[18]

Mögen diese bilateralen Abkommen anfangs noch die Motivation besessen haben, den „Zusammenhalt wie die ökonomische Effizienz der sozialistischen Gemeinschaft zu stärken und insbesondere die Einbindung jener Dritte-Welt-Länder zu fördern, die nach ihrer Unabhängigkeit den sozialistischen Weg eingeschlagen haben" (Marburger [Hrsg.] 1993, S. 9), so zeigte sich doch spätestens seit den 80er Jahren ein anderes Motiv: der Arbeitskräftemangel in der DDR (vgl. ebd., S. 10). Das im Vergleich zu vielen RGW-Staaten hohe ökonomische Niveau der DDR musste den „zeitweisen Einsatz in diesem Staat wie eine Reise ins Paradies erscheinen" (Jaschke, Rätsch u. Winterberg 2001, S. 59) lassen, doch „was die Menschen allerdings in der DDR vorfanden und erlebten, dürfte nur bedingt ihren Idealen entsprochen haben" (ebd.).

Die Rolle des Fremden in der DDR wurde in diesem Sinne vornehmlich durch die zahlreichen Vertragsarbeitnehmer ausgefüllt, daneben waren hier natürlich auch sowjetische Streitkräfte stationiert, doch diese besaßen kaum Kontakt zur Bevölkerung, weitere Protagonisten des Fremdseins können und sollten meines Erachtens in diesem Zusammenhang vernachlässigt werden.

---

[18] So wird 1971 ein Regierungsabkommen über die zeitweilige Beschäftigung und Qualifizierung ausländischer Arbeitskräfte mit Polen, 1973 Bulgarien und Ungarn, 1976 Algerien, 1978 Kuba, 1979 Mosambik, 1980 Vietnam, 1982 Mongolei, 1985 Angola und 1986 China beschlossen. Seit der Mitte der 80er Jahre machten die Vietnamesen mit rund 60.000 [66 %] den weitaus größten Anteil an Vertragsarbeitnehmern aus, es folgten die Mosambikaner mit ca. 15.000 [17 %] und die Kubaner und Polen mit jeweils 5.000-6.000 [6 %-7 %], die Zahl der Angolaner, Chinesen, Rumänen, Bulgaren etc. lag unter 1.000 [> 1 %]. (vgl. dazu Marburger [Hrsg.] 1993, S. 9ff.)

3.1.2. Fremdsein in der DDR

Jene ausländische Vertragsarbeitnehmer waren die Fremden in der DDR, doch wie äußerte sich ihr Fremdsein? Zuerst einmal sollte hierzu ein Blick auf ihre allgemeinen Arbeits- und Lebensbedingungen geworfen werden.

Fremdarbeiter in der DDR zu sein bedeutete, für die Dauer von vier bis fünf Jahren [Arbeiter aus der Mongolei und China maximal zwei Jahre] in einem fremden Land zu arbeiten und zu leben, in dieser Zeit gab es, in der Regel für die Dauer von zwei Monaten, nur ein einziges mal Heimaturlaub (vgl. Marburger [Hrsg.] 1993, S. 13).

Für die DDR stellten diese Ausländer jedoch ein Sicherheitsrisiko dar, Leben in der DDR bedeutete für die Arbeiter daher Ghettoisierung in Wohnheimen, fernab und strikt getrennt von der deutschen Bevölkerung, erst damit wurde die Gewährleistung maximaler staatlicher Kontrolle möglich (vgl. Poutrus, Behrends u. Kuck 2000, S. 20 & Jaschke, Rätsch und Winterberg 2001, S. 60). Die Unterbringung der Arbeitskräfte in den Wohnheimen erfolgte kollektiv und nach Geschlechtern getrennt und stets nach dem Prinzip der strengsten Sparsamkeit, d.h., fünf Quadratmeter pro Person, maximal vier Personen pro Raum, für 50 Personen einen Klubraum (vgl. Poutrus, Behrends u. Kuck 2000, S. 20). Unerwünschte Kontakte zur einheimischen Bevölkerung wurden nicht nur durch die Ghettoisierung, sondern auch durch eine restriktive Besuchsordnung weitgehend verhindert, Aufsichtspersonal sorgte dabei zu jeder Zeit für Ordnung und Sicherheit, Verstöße konnten eine zwangsweise Rückkehr in die Heimat zur Folge haben (vgl. ebd. & Marburger [Hrsg.] 1993, S. 24). Selbst das Privatleben war der staatlichen Kontrolle unterworfen, so durften Vertragsarbeitnehmerinnen keine Kinder bekommen, ihnen blieb im Falle einer Schwangerschaft nur noch die Wahl zwischen Abtreibung und Zwangsrückkehr (vgl. Krüger-Potratz 1991, S. 204f.). Beziehungen mit Deutschen waren ebenso unerwünscht und führten damit auch zu Repressalien, eine eventuelle Heirat konnte durch die DDR bzw. das jeweilige Heimatland untersagt werden (vgl. Poutrus, Behrends und Kuck 2000, S. 20). Jene Beschränkungen fanden sich nicht nur bei den zwischenmenschlichen Bedürfnisse, auch

„das gesellschaftliche Leben spielte sich größtenteils ohne die Vertragsarbeiter ab" (Jaschke, Rätsch u. Winterberg 2001, S. 62). Diese Segregationspolitik begleitete die ausländischen Arbeiter während ihres gesamten Aufenthaltes, in ihren Rechten und Pflichten waren sie zwar den DDR-Bürgern förmlich gleichgestellt, eine Lobby besaßen sie jedoch nicht, ebenso fehlten Ausländerbeiräte und das Mitbestimmungsrecht in ausländerpolitischen Fragen (vgl. ebd., S. 63). „Die Vertragsarbeiter waren in den Augen der Behörden eine Zahl, ohne Wünsche und ohne Bedürfnisse" (Feige 1999, S. 44), ihre Aufgabe war es „fremden Wirtschaftsinteressen zu dienen" (Jaschke, Rätsch u. Winterberg 2001, S. 63).

Die Vertragsarbeitnehmer waren somit von Seiten des Staates aus dem alltäglichen Leben der DDR ausgeschlossen worden, Kontakte zu ihnen „außerhalb der staatlich festgelegten Regeln waren nicht vorgesehen, entweder explizit verboten, zumindest aber unerwünscht" (Poutrus, Behrends u. Kuck 2000, S. 19), für die meisten „DDR-Bürger reduzierte sich [daher] die Erfahrung mit Fremden auf eher unfreiwillige Mitgliedschaft in entsprechenden Massenorganisationen und von oben inszenierte Rituale" (ebd.).

Als Ergebnis dieser staatlichen Ausländerpolitik erfuhren die Bürger der DDR natürlich nur wenig über ihre neuen „Arbeitskollegen", die Kontakte beschränkten sich in der Regel auf den Arbeitsprozess an sich, dies konnte erwartungsgemäß nicht ohne Folgen bleiben.

Bei der Verteilung der ausländischen Arbeitskräfte auf die einzelnen Wirtschaftszweige rückte der ursprüngliche Qualifizierungsgedanke[19] zuneh-

---

[19] Noch in den 70er Jahren erfolgte der Einsatz und die Ausbildung von Vertragsarbeitnehmern entsprechend des spezifischen Bedarfes der Entsendeländer an qualifizierten Fachkräften, in den 80er Jahren stand jedoch der Aspekt der bestmöglichen Verwertung ihrer Arbeitskraft im Vordergrund, die Ausbildung beschränkte sich vermehrt auf die unmittelbar zu beherrschende Tätigkeit, es entstand somit eine Diskrepanz zwischen erwarteter Qualifizierung und Arbeitseinsatz, auf die die Entsendeländer zum Teil sogar mit der Kündigung des Regierungsabkommens [z.B. Algerien] reagierten (vgl. Marburger [Hrsg.] 1993, S. 11ff.).

mend in den Hintergrund, nicht immer war ein „tatsächlicher Mangel an deutschen Arbeitskräften in bestimmten Branchen oder Regionen ausschlaggebend, sondern auch deren geringe Bereitschaft[20] zur Übernahme körperlich besonders schwerer und gesundheitsbelastender Arbeiten" (Marburger [Hrsg.] 1993, S. 17). Eingesetzt wurden jene Vertragsarbeitnehmer in Gruppen ab 50 Personen, gerade in den letzten Jahren taten sie „vornehmlich die Arbeit, für die sich [zunehmend] kein DDR-Bürger mehr fand: monotone Maschinenarbeit, körperlich schwere Arbeit, Schichtarbeit" (Poutrus, Behrends u. Kuck 2000, S. 20). Gerade die ungewohnte Fließbandarbeit im dreischichtigen Arbeitsrhythmus stellte für die Arbeiter eine physische Belastung dar, dennoch wurden die Arbeitsbedingungen mehrheitlich als normal oder gegeben akzeptiert (vgl. Marburger [Hrsg.] 1993, S. 17f.), hingegen „äußerten sich viele [von ihnen] kritisch über das soziale Klima in den Betrieben und den aus deutschen und ausländischen Arbeitnehmern bestehenden Arbeitskollektiven" (ebd., S. 18). Diskriminierungen gehörten zum Arbeitsalltag der ausländischen Arbeiter, so wurden beispielsweise Mosambikaner „mit dem Hinweis, sie seien ohnehin schon schwarz, an besonders ölverschmutzte Großmaschinen geschickt" (Poutrus, Behrends u. Kuck 2000, S. 20). Dem Protest gegen diese Zustände wurde oftmals mit der Drohung einer Zwangsrückkehr wegen Verstoßes gegen die sozialistische Arbeitsdisziplin begegnet (vgl. ebd.). Jene Arbeiter waren mehrheitlich „zu Befehlsempfängern degradiert" (Jaschke, Rätsch u. Winterberg 2001, S. 63), die der DDR zu dienen hatten, deutlich wird dies unter anderem in der folgenden Schilderung eines Vertragsarbeitnehmers:

„Im Betrieb gab es gute Arbeitskollegen, die für uns Verständnis hatten, aber es gab auch viele, die uns als Sklaven betrachteten, als Leute, die hier waren, um die Schulden auszugleichen, die unser Land gegenüber der DDR hatte. Und daher haben sie versucht, mit uns zu machen, was sie wollen. Oft waren es Leute, die uns Arbeitsanweisungen gaben und sich gebärdeten wie Aufseher.

---

[20] In diesem Zusammenhang lassen sich Parallelen zu den westlichen Industriestaaten wie z.B. der BRD erkennen, denn auch hier verrichteten [verrichten] ausländische Arbeiter Tätigkeiten, für die sich die Einheimischen zu schade waren [sind] (vgl. Jaschke, Rätsch u. Winterberg 2001, S. 63).

Man kann sich vorstellen, was das für Arbeiten war" (zit. nach Marburger [Hrsg.] 1993, S. 18).

Zum Alltag der ausländischen Arbeiter in der DDR gehörte ebenso, unter eklatanter Missachtung der kulturellen Lebensgewohnheiten dieser Menschen, der „Zwang zur völligen und sofortigen Anpassung an die Arbeits- und Lebensbedingungen in der DDR" (ebd.), hierzu ein Arbeiter:

„Ich möchte nicht jeden Tag Kartoffeln essen. Im Betrieb hat man uns dazu gezwungen. Wir mussten in der Betriebskantine essen und nur am Wochenende durften wir für uns selbst kochen. Die haben uns gesagt: Leute, ihr seid in Deutschland. Ihr müsst essen, was wir essen, was anderes kommt nicht in Frage" (zit. nach ebd.).

Bei der Betrachtung dieser Lebensbedingungen zeigt sich, dass für die ausländischen Arbeitskräfte das Leben und Arbeiten in der DDR immer auch eine Einschränkung der bürgerlichen Rechte und des persönlichen Lebens bedeutete. Das Verhältnis zu den Einheimischen war dabei nicht nur durch Diskriminierung und Ausgrenzung geprägt, sondern auch durch Konflikte, die aus „einer wirtschaftlichen Konkurrenz zwischen Vertragsarbeitnehmern und DDR-Bürgern" (Poutrus, Behrends u. Kuck 2000, S. 21) erwuchsen. Natürlich versuchten jene Arbeiter „aus ihrem begrenzten Aufenthalt das Maximale [an materiellen Gewinn für sich] herauszuholen" (ebd.), doch dieses Streben ist, aus objektiver Sicht, mehr als verständlich und auch allzu menschlich. Dennoch kam es in den 80er Jahren beispielsweise „zu einem Überfall einheimischer Jugendlicher auf ein Vietnamesenwohnheim, die die Vertragsarbeiter ... von weiterer zu hoher Normerfüllung abhalten wollten" (ebd.). Der Aufenthalt in der DDR bedeutete für jene ausländischen Arbeiter in erster Linie die Möglichkeit, ihre Familien in der Heimat unterstützen zu können, der Lohntransfer unterlag jedoch einem striktem Reglement, so „bemühten sich insbesondere die vietnamesischen Vertragsarbeiter um Mangelgüter und lukrative Nebentätigkeiten" (ebd.). Erworben wurden in erster Linie Waren wie z.B. „Fahrräder, Mopeds, Waschmaschinen und Nähmaschinen, die bei einem Weiterverkauf im Herkunftsland ein Vielfaches des hiesigen Verkaufspreises erzielten" (Marburger [Hrsg.] 1993, S. 22). Aufgrund der „Mangelwirtschaft in der

DDR" (ebd.) konnten die Konsumansprüche der Einheimischen schon seit längerem nicht mehr befriedigt werden, die Vertragsarbeitnehmer wurden damit zu unerwünschten Konkurrenten auf dem Markt und deren Kaufgewohnheiten als Ursache der bestehenden Marktlücken ausgemacht (vgl. Krüger-Potratz 1991, S. 57). „Die DDR-Oberen förderten den Eindruck, dass für die Versorgungsengpässe nicht sie, sondern andere verantwortlich waren, die Begriffe *Schmuggel* und *Hamsterkäufe* [o.a. *Warenabkauf*] waren ganz offiziell in den gleichgeschalteten Medien zu lesen" (Jaschke, Rätsch u. Winterberg 2001, S. 64), die SED-Führung versuchte mit diesem Schritt „von ihrer verfehlten Wirtschaftspolitik abzulenken" (Poutrus, Behrends u. Kuck 2000, S. 21). Damit wurden die ausländischen Arbeiter zum Sündenbock für die bestehenden Versorgungsmängel, obwohl ja gerade ihr „Masseneinsatz" (ebd.) diese beheben sollte. Ende der 80er Jahre machte in diesem Zusammenhang beispielsweise folgendes Gedicht die Runde:

„Vom Centrum-Warenhaus komm ich her. Ich muss euch sagen, die Fächer sind leer. Und auf den Stufen und Kanten sitzen die Polen mit ihren Verwandten. Und draußen vor dem verschlossenen Tor stehen geduldig die Deutschen davor. Und wie ich so strolche am Markte vorbei, da sehe ich die Leute aus der Tschechoslowakei. Sie haben gekauft und gefüllt ihre Taschen. Als ich heimfuhr mit dem Busse, saß mir gegenüber ein Russe. Vor Wut ging ich in den Laden und kaufte Käse, und wer stand vor mir: ein Vietnamese. Ich stolpere zur Tür hinaus, ich Armer, und stieß zusammen mit einem Kubaner" (zit. nach Jaschke, Rätsch u. Winterberg 2001, S. 64).

Durch die relative Uninformiertheit der DDR-Bürger über die Vertragsarbeitnehmer und die Modalitäten ihres Arbeitseinsatzes konnten sich zudem Gerüchte über eine teilweise Bezahlung jener Arbeiter in Valuta [frei konvertierbare Währungen im Gegensatz zur DDR-Währung] und aus den Solidaritätsbeiträgen der DDR-Bürger entwickeln (vgl. Berger 1998, S. 6 & Marburger [Hrsg.] 1993, S. 31). Bedingt durch diese wirtschaftliche Konkurrenz wird natürlich auch der Unmut der Einheimischen gegenüber den ausländischen Arbeitern verständlich, die in diesem Sinne sicherlich auch als eine ökonomische Bedrohung empfunden wurden. Somit überrascht es vermutlich niemanden, dass viele „Vertragsarbeitnehmer bereits Erfahrungen mit versteckten oder offenen Erscheinungen von Ausländerfeindlich-

keit [Fremdenfeindlichkeit] in der DDR" (Marburger [Hrsg.] 1993, S. 30)
gemacht hatten, jene „variierte nach Herkunftsland, Hautfarbe, Geschlecht
und Sozialverhalten der Betroffenen" (ebd.), hierzu ein Mosambikaner:

„Es gab Gaststätten, wo Mosambikaner nicht reindurften oder Diskos. Aber
konnte man dort rein, dann gab es sehr viele Probleme mit den Deutschen, gab
es Schlägereien. Wenn es Probleme gab, war Mosambikaner immer schuldig.
Polizei kam, Mosambikaner war immer schuld" (zit. nach ebd., S. 31)

Schon die Betrachtung der allgemeinen Arbeits- und Lebensbedingungen
der Vertragsarbeitnehmer in der DDR zeigt ihre nicht unproblematische
Lage und lässt auf den alltäglich Umgang mit den Fremden in der DDR
schließen. Fremdenfeindlichkeit war jedoch nie ein Thema der öffentlichen
Auseinandersetzung in der DDR, da die bestehende „offizielle antirassisti-
sche Ideologie dieses Problem als Konsequenz kapitalistischer Gesell-
schaftsordnungen und damit als alleiniges Problem der imperialistischen
Staaten ... interpretierte" (Poutrus, Behrends u. Kuck 2000, S. 21).

Rechtsextreme und fremdenfeindliche Vorfälle sind für die DDR seit dem
Jahr 1978 aktenkundig (vgl. ebd., S. 19). So schlugen beispielsweise im
April 1988 fünf Jugendliche einen Mosambikaner nieder, was sie dann anschließend lapidar als *„Nigger aufklatschen"* bezeichneten, im Mai des
gleichen Jahres wurde ein Afrikaner aus dem fahrenden Zug geworfen und
schwer verletzt (vgl. Ködderitzsch u. Müller 1990, S. 17). Diese beiden
Beispiele lassen sich zwar beliebig ergänzen, dennoch fehlt nach wie vor
eine umfassende Aufarbeitung dieser Vorkommnisse, offizielle Quellen zu
dieser Thematik sind zudem äußerst selten und finden sich, wenn überhaupt, in den Unterlagen der Sicherheitsorgane der ehemaligen DDR. Doch
muss man meines Erachtens nicht unbedingt auf diese Dokumente zurückgreifen, um die Existenz fremdenfeindlicher Einstellungen in der DDR aufzeigen zu können, möglich wird dies beispielsweise auch durch das Mei-
nungsbild des DDR-Bürgers. So dokumentieren unter anderem Leserbriefe,
die Ende des Jahres 1989 in der „Berliner Zeitung" erschienen, die Exi-

stenz einer latenten Fremdenfeindlichkeit in der DDR, hier einige Aus-schnitte:[21]

„Seit vierzehn Jahren bin ich mit einer Bulgarin verheiratet. Seitdem weiß ich, daß es in der DDR eine Ausländerfeindlichkeit gibt. In all den Jahren mußte meine Frau unzählige Anfeindungen und Beleidigungen über sich ergehen las-sen."

„Im Zusammenhang mit den Erörterungen über notwendige Maßnahmen [ge-gen polnische „Spekulanten"] erinnere ich an die plombierten Züge, die Anfang dieses Jahrhunderts für den Transport von für das Durchfahrtsland uner-wünschten Personen eingesetzt wurden. Damit bliebe die Durchfahrtsmöglich-keit der Polen in die BRD erhalten."

„Mit Bestürzung und Empörung haben wir vom Antrag Hunderter Polen gele-sen, die sich in unserem Land ansiedeln wollen."

„Denn was wir bisher von den polnischen Bürgern erfahren und gesehen ha-ben, stinkt ja fast zum Himmel."

„Seit Jahren bemerke ich eine wachsende Feindseligkeit gegenüber Ausländern in unserem Land. Das Ausmaß ist erschreckend. Viele Betroffene können das bezeugen. Diese Feindseligkeit zeigt sich nicht nur durch offene nazistische Auswüchse, wie sie leider auch unserer Stadt nicht unbekannt sind. Man spürt sie im täglichen Leben."

„Ich fuhr mit der S-Bahn von der Arbeit nach Hause, ein hörbar angetrunkener Mann räsonierte um sich herum – von den bösen Kapitalisten ..., von den Polen die zu Hause bleiben sollen ..., dann sagte er zu einer jungen schwarzhäutigen Frau: Und Du geh in den Busch und häkel da."

„Zum Beispiel Westberlin hat wohl 50% Ausländer. Wollen wir etwa eine Misch-rasse darstellen in zwanzig Jahren, oder wollen wir Deutsche in der DDR blei-ben?"

---

[21] Die hier zitierten Leserbriefe finden sich in dem Sofortbericht „Ausland DDR" (vgl. Runge 1990, S. 17ff.), der zwischen Dezember 1989 und Januar 1990 an der Berli-ner Humboldt-Universität vor dem Hintergrund einer zunehmenden Fremdenfeind-lichkeit in der DDR entstand.

„Wenn die Ausländer sogar an Käufen für den persönlichen Bedarf gehindert werden, dann steht doch im Hintergrund das unsichtbare Plakat: Ausländer raus."

„Muß man denn die latente Ausländerfeindlichkeit in unserem Land durch schikanöses Handeln in der ganzen Welt bekanntmachen?"

„Seit etwa drei Jahren fällt mir wiederum auf, daß Bürger aus Vietnam und Mosambique, die bei uns zeitweilig arbeiten und oft unter nicht beneidenswerten Umständen bei uns leben, Beschimpfungen und Diskriminierungen durch uns DDR-Bürger ausgesetzt sind. Das kann man sowohl in der Kaufhalle, in der Betriebskantine, in öffentlichen Verkehrsmitteln oder auch in jedem beliebigen Geschäft beobachten."

Noch deutlicher äußerten sich Jugendliche aus der rechtsextremen Szene der DDR:[22]

„Wer nicht von allein begreift, wie ein Deutscher sein muß, dem muß es eben mit Gewalt beigebracht werden."

„Die deutsche Rasse muß rein bleiben. Es darf nicht zur Verwischung kommen."

„Nigger raus aus Deutschland; Deutschland den Deutschen."

„Das Hakenkreuz ist das Symbol der Rettung vor dem Davidstern."

„Blut muß fließen – knüppeldick."

Die hier zitierten Ausschnitte belegen zum einen die Existenz fremdenfeindlicher Einstellungen und Verhaltensweisen in der DDR, zum anderen wird aber auch deutlich, zumindest bei einigen Leserbriefen, **dass längst**

---

[22] Am Anfang der 80er Jahre begann sich in der DDR, eine rechtsextreme Szene herauszubilden, das Phänomen „Rechtsextremismus" beschäftigte nicht nur die staatlichen Sicherheitsorgane sondern auch Sozialwissenschaftler, Untersuchungsergebnisse blieben der Öffentlichkeit jedoch weitgehend vorenthalten. Die vorliegenden Zitate stammen aus einer Studie der Kriminalpolizei von 1987-1989 und zeigen stereotypische Redewendungen der Befragten auf (vgl. Ködderitzsch u. Müller 1990, S. 11ff.).

nicht alle DDR-Bürger jene Art des Umgangs mit den Fremden tolerierten und sich diesbezüglich kritisch äußerten.

Das nicht unproblematische Verhältnis zwischen Einheimischen und Ausländern in der DDR spiegelte sich in ähnlicher Art und Weise auch in repräsentativen Umfragen wieder, fast ein Drittel der Befragten stimmte hier im Oktober 1989 dem Statement: *„Mich stören die vielen Ausländer in unserem Land"* zu, mehr als die Hälfte hielt zudem eine Verringerung des Ausländeranteils für zwingend notwendig, obwohl dieser bei nur etwa 1 % der Gesamtbevölkerung der DDR lag (vgl. Neubacher 1994, S. 86ff.).

Gerade in der Wendezeit konnte sich die angestaute Fremdenfeindlichkeit in einem besonderen Maße entladen, da der Einfluss staatlicher Kontrolle zunehmend abnahm, anfangs geschah dies noch in überwiegend verbaler Form, doch das sollte sich bald ändern.

3.2. Der Umgang mit Fremden in Ostdeutschland nach 1989

3.2.1. Ausgangsbedingungen

„Die politische Wende in der DDR seit Oktober 1989 führte zu grundlegenden Veränderungen des Lebens sowohl der deutschen Bevölkerung als auch der Vertragsarbeitnehmer, während sich jedoch für die Bürger der DDR eine Erweiterung ihrer bürgerlichen Rechte und die perspektivische Verbesserung ihrer materiellen und kulturellen Lebensqualität abzeichnete, wurde den Vertragsarbeitnehmern die deutliche Verschlechterung ihrer Aufenthaltsbedingungen sehr rasch bewußt" (Marburger [Hrsg.] 1993, S. 31). Als Folge dieser Veränderungen wurden sie „nun offen oder verdeckt dazu aufgefordert, auf dem sich nunmehr entwickelnden Arbeitsmarkt die Arbeitsplätze freizumachen und die DDR zu verlassen" (Neubacher 1994, S. 90), getreu nach den Worten Schillers: „Der Mohr hat seine Schuldigkeit getan, der Mohr kann gehen" (Schiller 1997, o.S.). Jene ausländischen Arbeiter wurden nun direkt mit Arbeitslosigkeit, sozialer Unsicherheit und in zunehmenden Maße auch mit Gewalt konfrontiert (vgl. Krüger-Potratz 1991, S. 69ff.). Als Ergebnis dieser Entwicklung verließ ein großer Teil der

ehemaligen Vertragsarbeitnehmer die DDR noch vor der Wiedervereini-
gung, während sich der ohnehin schon geringe Ausländeranteil [ca.
1 %] weiter verringerte, nahmen fremdenfeindliche Einstellungen und die damit
verbundene Gewalt zu (vgl. Neubacher 1994, S. 90). Ein Anstieg des Ausländeranteils erfolgte erst wieder, als die neuen Bundesländer „im Zuge der
Vereinigung und einheitlichen Ausländerpolitik 20 % aller Asylbewerber
aufnehmen mussten" (ebd.), doch selbst dadurch erhöhte sich der Anteil
der hier lebenden Ausländer nur geringfügig und blieb damit deutlich unter
2 % der Gesamtbevölkerung Ostdeutschlands (Quelle: Statistisches Bundesamt). Seit 1990 wurden „die meisten Anschläge [mit fremdenfeindli-
chem Hintergrund] dort verübt, wo es am wenigsten Ausländer und Flücht-
linge gab: in der ehemaligen DDR" (Neubacher 1994, S. 91).

Auf einer Skala der Antipathie rangieren Schwarzafrikaner, Vietnamesen
und Polen bei der ostdeutschen Bevölkerung in der Regel ganz oben, also
Angehörige der Staaten, die auch Vertragsarbeitnehmer in die DDR ent-
sandten, merkwürdigerweise bilden jedoch Türken die Spitze dieser Skala,
obwohl in der DDR bis auf wenige Ausnahmen keine Türken lebten (vgl.
ebd.). Diese Ausländer wurden gerade in der Zeit des politischen und wirtschaftlichen Umbruchs von der einheimischen Bevölkerung als Konkurrenten empfunden und für Engpässe, insbesondere auf dem Arbeitsmarkt,
verantwortlich gemacht (vgl. Marburger [Hrsg.] 1993, S. 35). An dieser
Stelle zeigt sich ein immer wieder anzutreffender Aspekt des Fremdseins:
dem Fremden wird gerade in „gesellschaftlichen Krisen- und Umbruchzei-
ten – die mit einer Verunsicherung der politischen, sozialen und der alltäglichen Lebensverhältnisse, der Enttäuschungen und Frustrationen einherge-
hen – erfahrungsgemäß schnell die Rolle von Schuldigen zugeschoben, ohne Ausländer [Fremde], glaubt man, würde sich die Misere bald zum Bes-
seren wenden" (Borchers 1993, S. 180f.). Fremdenfeindliche Orientierungen fallen somit natürlich auf fruchtbaren Boden und nehmen zum Teil
auch dramatische Auswüchse an, so auch in Ostdeutschland, am Ende des
Jahres 1990 kam es hier zu einer Zäsur im Umgang mit dem Fremden – die
Fremdenfeindlichkeit hatte ihr erstes Todesopfer gefordert. Die bisher
überwiegend verbal geäußerte Fremdenfeindlichkeit erfuhr in diesem Sinne

nach 1989 eine neue Qualität und Quantität, Gewalttaten dominierten nun oftmals den Umgang mit den Fremden, Fremdsein in Ostdeutschland bekam somit eine neue Bedeutung, hierzu ein kleiner Überblick:

3.2.2. Fremdsein in Ostdeutschland nach 1989

Gegen Mitternacht des 24. Novembers zog eine Gruppe von 50 bis 60 Skinheads und Heavy Metals, eine Spur der Verwüstung hinterlassend, durch das brandenburgische Eberswalde, ihr Ziel: *„Neger aufklatschen"*. Ihr Opfer: der Angolaner Amadeu

Antonio, er „lief geradewegs Ronny J. in die Arme, der ihm zwei Faustschläge in die Magengegend versetzte. Als Amadeu Antonio wieder zu sich kam, stürmte bereits eine Gruppe von fünf bis zehn Personen auf ihn zu ... 80 Meter weiter sahen drei Zivilfahnder ... zu, wie der Mob Antonio verprügelte, ihn sich gegenseitig zuschubste und auch noch massiv auf ihn eintrat, als er schon auf der Straße lag" (Jaschke, Rätsch u. Winterberg 2001, S. 47). Am 6. Dezember erlag Antonio Amadeu seinen Verletzungen. Wer ihm die tödlichen Verletzungen zufügte, konnte nie geklärt werden, mehrere Jugendliche wurden angeklagt und zu Freiheitsstrafen unter fünf Jahren verurteilt, unter anderem wegen fahrlässiger Körperverletzung mit Todesfolge, einen Tötungsvorsatz konnte oder wollte das Gericht nicht erkennen (vgl. ebd.). Mit diesem Urteil wurde sowohl für die hier lebenden Ausländer als auch für die Täter ein falsches Zeichen gesetzt. Diese Tat mag damit, auch wenn sie keineswegs die erste mit einem fremdenfeindlichen Hintergrund war, in gewisser Hinsicht eine Initialzündung gewesen sein, denn sie bildete den Ausgangspunkt für eine bis heute anhaltende Reihe fremdenfeindlicher Gewalttaten ähnlichen Ausmaßes in den neuen Bundesländern.

So war das vorerst letzte Todesopfer fremdenfeindlicher Gewalt am 11. Juni 2000 in Dessau [Sachsen-Anhalt] zu beklagen. Drei rechtsextremistische Skinheads schlugen den Mosambikaner Alberto Adriano derart brutal zusammen, dass dieser wenige Tage später seinen Verletzungen erlag. Der Haupttäter wurde zu einer lebenslänglichen Freiheitsstrafe verurteilt, die minderjährigen Mittäter erhielten jeweils neun Jahre Jugendstrafe (vgl. Ministerium des Innern des Landes Sachsen-Anhalt [Hrsg.] 2001, S. 7f.). Dass fremdenfeindliche Einstellungen in Teilen der Bevölkerung tief verwurzelt sind, zeigt sich unter anderem auch durch Solidaritätsbekundungen mit den Tätern, im Fall Alberto Adriano ging folgender anonymer Brief an den Ministerpräsidenten des Landes Sachsen Anhalt:

„Es ist tragisch, dass der Neger Alberto Adriano sein Leben lassen musste. Man sollte die Schuldigen zur Rechenschaft ziehen und schwer bestrafen. Wenn man aber die drei Jugendlichen bestrafen würde, das hieße, das Pferd vom Schwanze her aufzuzäumen, sie sind Helden der Geschichte. Sie sind wie einst die Kamikazeflieger der Japaner oder wie die Selbstmordattentäter der Palästinenser, man muss und wird ihnen Denkmäler bauen. Nein, die Schuldigen sind jene, die in der Regierung sitzen und saßen und die das Unglück Ausländerüberflutung über uns brachten. Die sollte man an die Wand stellen. Es muss weiterhin so lange getreten, geschossen, getötet werden, bis die zuständigen Leute gezwungen werden, den Willen des Volkes zu vollziehen und der heißt: Ausländer raus. So gesehen ist es trotz des bedauerlichen Einzelschicksals nicht Schade um den Neger Alberto Adriano. Es mögen noch viele auf seinen Weg geschickt werden" (zit. nach ebd.).[23]

Eine völlig neue Dimension fremdenfeindlicher Auswüchse erreichte die Belagerung des Asylbewerberheims in Rostock-Lichtenhagen [Mecklenburg-Vorpommern] vom 22. bis 27. August 1992 durch militante Rechtsextreme. Das Wohnheim wurde durch Molotow-Cocktails in Brand gesetzt, mehrere Bewohner mussten auf das Dach das Gebäudes flüchten. Dass in diesem Fall, keine Todesopfer zu beklagen waren, ist reiner Zufall. Ähnliches ereignete sich auch schon ein knappes Jahr vorher, in Hoyerswerda [Sachsen] kam es in der Zeit vom 17. bis 22. September zu fremdenfeindli-

---

[23] Wie sehr solche Einstellungen mit den Äußerungen und Forderungen einiger deutscher Politiker korrespondieren, zeigt das Beispiel des derzeitigen Hamburger Innensenators Ronald Barnabas Schill.
Im Zusammenhang mit dem Wahlkampf seiner „Partei Rechtsstaatlicher Offensive" kam es zu folgender Äußerung Schills: „Ausländerhass ist verheerend, aber weder den Deutschen noch den Ausländern anzulasten. Politiker haben zu viele Ausländer ins Land gelassen" (zit. nach Willeke 2001, S. 15).

chen Ausschreitungen, in deren Folge das Wohnheim der Asylbewerber evakuiert werden musste, in rechten Kreisen wird dies „als Erfolg gefeiert" (Borchers 1993, S. 181f.). Aus zwei Gründen zeigte sich, insbesondere im Fall Rostock-Lichtenhagen, etwas noch nie Dagewesenes: „zum einen erstreckten sich die ausländerfeindlichen Angriffe über mehrere Tage, ohne dass die Polizei in der Lage war sie zu beenden. Der damalige Polizeisprecher prägte den Begriff *„ Volksfestcharakter "*. Zum anderen aber hatten die Übergriffe einen Rückhalt in der Bevölkerung, den man im Westen nicht kannte. Nie war davon zu hören, dass Anschläge mit Beifall bedacht wurden" (Jaschke, Rätsch u. Winterberg 2001, S. 53). Die damaligen Fernsehbilder über diesen „Quantensprung in der Geschichte rassistisch motivierter Gewalttaten" (ebd.) wirken auch fast zehn Jahre später noch nach, aber „nicht nur hierzulande – das Ausland ist schockiert über das Progrom in Rostock-Lichtenhagen" (Borchers 1993, S. 185).

Beide Ausschreitungen waren jedoch nur der Anfang einer Gewaltspirale neuer Qualität, nicht nur in Ost-, sondern auch in Westdeutschland. Wie tief die Fremdenfeindlichkeit verwurzelt sein muss, zeigen ebenso die folgenden Aussagen ostdeutscher Bürger im Zusammenhang mit diesen Ausschreitungen:

„Dann brauchen wir eigentlich auch keine Angst haben, weil die Anwohner sind alle auf unserer Seite, und vielleicht läßt sich die Polizei wieder Zeit, ich denke dann klappt das schon: das Ausländerwohnheim, vielleicht brennt' s, das wär nicht schlecht" (zit. nach Jaschke, Rätsch u. Winterberg 2001, S. 53ff.)

„Dass hier überall in die Büsche uriniert wird ... das ist ja ihre Lebensmentalität" (zit. nach. ebd.).

„Zwei Prozent Ausländer sind zu viel. Da muß null komma null stehen. Dann müssen sie wieder in ihre Heimat fahren oder in eine andere Stadt, aber in der Stadt werden auch wieder rechtsradikale Jugendliche auftreten und die dann auch wegschießen, ganz einfach" (zit. nach ebd.).

„Das sind keine Nazis. Das sind unsere Kinder. Das sind keine Rechtsradikalen, das sind ganz normale Deutsche, die das mit den Ausländern hier im Viertel nicht mehr aushalten" (zit. nach ebd.).

Selbst wenn, wie im Fall Rostock-Lichtenhagen, die einheimische Bevölkerung mit der Masse der Asylsuchenden überfordert gewesen sein sollte –
diese mussten hier zum Teil sogar auf der Wiese vor der Unterkunft kam-
pieren (vgl. ebd.) – ist dies keineswegs eine Erklärung für jene Ausschrei-
tung und dessen Unterstützung, meines Erachtens gibt es hierfür nur eine
Ursache: die Existenz einer latenten Fremdenfeindlichkeit in einigen Teilen
der ostdeutschen Bevölkerung. Wer das thematisiert und öffentlich zur
Sprache bringt gilt dabei oftmals als Nestbeschmutzer, denn glaubt man
den Aussagen vieler ostdeutscher Bürger, dann gibt es eigentlich keine
Probleme mit Rechtsextremismus und Fremdenfeindlichkeit und wenn
einmal doch, so haben die Betroffenen vermutlich selber schuld (vgl. Staud
2001b, o.S.).

Die Annahme einer latenten Fremdenfeindlichkeit wird nicht zuletzt auch
durch das Wahlverhalten in Ostdeutschland gestützt. So gelang 1998 der
DVU mit 12,9 % der Stimmen der Einzug in den Landtag Sachsen-Anhalts,
damit war zum ersten Mal eine rechtsextremistische Partei in einem Parlament der neuen Bundesländer vertreten (vgl. Bundesministerium des Innern
[Hrsg.] 1999, S. 51). Rechtsextreme Parteien sind hier aber auch auf der
kommunalen Ebene vertreten, z.B. als Stadtrat der NPD (vgl. Staud 2001b,
o.S.). Insbesondere die DVU zeichnet sich in diesem Zusammenhang durch
ein extrem fremdenfeindliches Gedankengut aus, so erfolgt ihrerseits beispielsweise eine tendenziöse Berichterstattung über Ausländer und Auslän-
derkriminalität, ebenso werden aber auch Stereotype wie eine drohende
„Umvolkung" der Deutschen bedient (vgl. ebd., S. 48). Der Ausländer wird
hier zum Wahlkampfthema und die Fremdenfeindlichkeit zum Stimmenga-
rant.

Diese Strategie wird auch im Jahre 2002 wieder aufgegriffen, unter anderem von der FDVP, gegründet von einigen ehemaligen Mitgliedern der
DVU-Fraktion Sachsen-Anhalts. Hier wirbt man auf Wahlplakaten zur an-
stehenden Landtagswahl im April folgendermaßen: *„Ausländer? Wir verstehen die Sorgen unserer Bürger!"*.

Solche und ähnliche Statements werden auch in Zukunft Wählerstimmen einbringen.[24] Politisch sind diese Parteien, wie das Beispiel der DVU in Sachsen-Anhalt zeigt, selten einflussreich bzw. überhaupt handlungsfähig (vgl. ebd., S. 47ff.), erschreckend ist aber, dass mit fremdenfeindlichen Parolen insbesondere in Ostdeutschland ein nicht unbedeutender Teil an Wählern mobilisiert werden kann. Gerade Jugendliche stellen den größten Teil dieses Wählerpotentials (vgl. ebd., S. 51), auch werden fremdenfeindliche Gewalttaten überwiegend von ihnen begangen und Jugendliche sind es, die sich in Umfragen und Studien völlig offen zu fremdenfeindlichen Statements bekennen (vgl. dazu z.B. Institut für Sozialforschung [Hrsg.] 1994, S. 42ff.), dennoch ist die Fremdenfeindlichkeit kein Generationsproblem (vgl. Wagner 2000, S. 31), dies wurde spätestens mit den Progromen am Anfang der 90er Jahre deutlich.

Eines bleibt letztendlich festzuhalten, egal ob nun DDR oder Ostdeutschland nach 1989, der Umgang mit dem Fremden war in beiden Fällen durch ein vielfach hohes Maß an Fremdenfeindlichkeit geprägt, in der DDR zwar noch überwiegend verbal, doch nach der Wende oftmals gewaltsam und in

---

[24] Bei der Landtagswahl in Sachsen-Anhalt erreichte die FDVP einen Stimmenanteil von nicht einmal 2 % und zog damit nicht in den Landtag ein. Aber auch die rechtspopulistische Hamburger „Partei Rechtsstaatlicher Offensive" – in Sachsen-Anhalt nur als Schill-Partei bekannt – tritt in diesem Bundesland zur Landtagswahl an und macht den Ausländer zum vordergründigen Wahlkampfthema. Das Motto zahlreicher Wahlplakate: „Gnadenlos gegen Asylmissbrauch", die Forderung: „Wir sagen Raus mit Scheinasylanten! Einreisende, die ohne Papiere erwischt werden, müssen sofort auf Kosten der jeweiligen Fluggesellschaft zurückgeschickt werden. Asylbewerber haben Sachleistungen statt Bargeld zu erhalten, um keine zusätzlichen Einwanderungs-Reize zu schaffen. Auch hier ändern wir die Landesgesetze" (Schill-Partei Sachsen-Anhalt [Hrsg.] 2002, S. 2). Im Hamburger Wahlkampf 2001 stand bei dieser Partei hingegen das Thema innere Sicherheit im Vordergrund, dies zeigt, dass gerade in Ostdeutschland mit dem Wahlkampfthema „Ausländer" Wählerstimmen gewonnen werden sollen, indem Ressentiments und fremdenfeindliche Einstellungen bedient werden. Die Schill-Partei erreichte bei der Landtagswahl in Sachsen-Anhalt 4,5 % der Stimmen und gelangte wider erwarten nicht in den Landtag, die Gründe dafür sind meines Erachtens, im Umfeld der Partei zu suchen.

vielen Fällen auch tödlich. Natürlich wäre es eine Illusion anzunehmen, dass es sich hierbei um ein ostdeutsches Problem handeln würde, ganz im Gegenteil, auch in den alten Bundesländern gibt es Tatorte wie Hoyerswerda und Rostock-Lichtenhagen, zu nennen wären hier z.b. Solingen, Mölln und Düsseldorf.

Die Liste an ähnlichen Beispielen ist lang, sowohl für Ostdeutschland als auch für Westdeutschland, doch der Schwerpunkt rechtsextremer und fremdenfeindlicher Gewalttaten liegt, wie eingangs festgestellt wurde, seit nunmehr fast 12 Jahren in den neuen Bundesländern und „wer davon spricht, Rechtsextremismus sei [unterschiedslos] ein gesamtdeutsches Problem, der leugnet die Besonderheiten und kann nicht mehr angemessen reagieren" (Staud 2001a, o.S.).

3.3. Fremdenfeindlichkeit in Ostdeutschland – Ein Erklärungsversuch

Basierend auf jener Betrachtung des Umgangs mit dem Fremden in der DDR und in Ostdeutschland nach 1989 konnte ein fremdenfeindliches Handlungsschema dargestellt werden, dass zwar den alten Bundesländern keineswegs fremd ist, hier aber, zumindest in quantitativer Hinsicht, längst nicht so stark ausgeprägt ist. Dieser signifikante Unterschied zuungunsten der neuen Bundesländer muss Ursachen haben – mit Hilfe des Erklärungsversuches soll versucht werden, diese aufzuzeigen. Ein solches Unterfangen setzt meines Erachtens zwangsläufig eine Berücksichigung der Geschichte voraus, denn ohne Bezug auf die fast ein halbes Jahrhundert währende deutsche Teilung und die daraus resultierende unterschiedliche Entwicklung beider deutscher Staaten wird eine Erklärung nicht möglich.

3.3.1. Erfahrungen

In den vorherigen Ausführungen wurde unter anderem festgestellt, dass die meisten fremdenfeindlichen Gewalttaten dort verübt werden, wo es am wenigsten Fremde gibt (vgl. Neubacher 1994, S. 1 & Jugendwerk der deutschen Shell [Hrsg.] 2000, Bd. 1, S. 254ff.), dies trifft nun zweifelsfrei auf

Ostdeutschland zu und zieht die Frage nach sich, ob nicht vielleicht fehlende Erfahrungen im Umgang mit dem Fremden als eine Ursache für Fremdenfeindlichkeit anzuführen sind?

Während der nationalsozialistischen Diktatur wurde der Fremde durch seine nicht-arische Herkunft definiert. Ausländer[25] gehörten in den letzten Jahren des Dritten Reiches nicht mehr zum Alltag der Deutschen, einige dieser Fremden haben sicherlich, die politische Entwicklung vorhersehend, Deutschland schon frühzeitig verlassen. Ein großer Teil der hier lebenden Ausländer hatte hingegen nicht soviel Glück, insbesondere die Angehörigen der als minderwertig eingestuften Rassen wurden damit zu Opfern des Rassenwahns. Nur wenige von ihnen werden, wie z.B. der schwarze Autobiograph Hans Jürgen Massaquoi, tatsächlich in der Mitte der deutschen Bevölkerung gelebt und auch überlebt haben. Der Umgang mit den Fremden war im Dritten Reich zu großen Teilen durch die Imagination einer Überlegenheit der arischen Rasse geprägt, jene Vorstellung fand letztendlich auch Ausdruck im Massenmord an den Fremden.

---

[25] Aber nicht jene Ausländer, sondern die Juden machten meines Erachtens die eigentlichen Fremden im Dritten Reich aus. Noch vor der Machtergreifung durch die Nationalsozialisten waren die in Deutschland ansässigen Juden ein alltäglicher und teilweise auch akzeptierter Bestandteil der deutschen Bevölkerung. Zuvor waren diese ehemals Fremden in einem langwierigen Transformationsprozess mehr oder weniger zu Etablierten geworden und hatten damit ihr Fremdsein weitgehend überwinden können, hauptsächlich ihre Religion unterschied sie noch von ihren deutschen Landsleuten. Mit der antisemitischen Politik und Ideologie in der nationalsozialistischen Ära erfolgte jedoch die Reaktivierung ihres Fremdseins, bedingt durch ihren Glauben [als ein phylogenetisches Merkmal] und in Entsprechung der Rassenlehre waren die Juden keine Arier und konnten damit erneut fremd gemacht werden. Diesem reaktivierten Fremdsein der Juden folgte ihr Ausschluss, zunächst in Form der Ghettoisierung und kurz darauf in der Shoa, jene Vernichtung blieb jedoch nicht auf die deutsche Bevölkerung jüdischen Glaubens beschränkt, sondern betraf Millionen in Europa lebender Juden.

Mit dem Untergang des nationalsozialistischen Regimes 1945 wurde diesem Genozid ein Ende bereitet. Wurden damit aber auch seine geistigen Grundlagen ausgelöscht?

Nach diesen 12 Jahren der nationalsozialistischen Herrschaft stellte nun die sowjetische Besatzungsmacht in den Ostgebieten den ersten Kontakt zu Fremden nach 1945 dar. Auch und gerade nach der Gründung der DDR wurden die Sowjets als Besatzer[26] begriffen, erschwert wurde die Situation meines Erachtens auch dadurch, dass während der gesamten Anwesenheit der Roten Armee auf dem Territorium der DDR, eine hermetische Abschottung der Besatzer erfolgte, bis auf wenige offizielle Kontakte hatten sich die Sowjets in ihre Standorte zurückgezogen, in denen sie ihre eigene Infrastruktur und Kultur besaßen.

Seit dem Mauerbau im Jahre 1961 waren zudem „Auslandsreisen und internationale Mobilität aus dem Alltag der DDR [weitgehend] verbannt" (Poutrus, Behrends u. Kuck, S. 19). Als Folge der zuvor schon beschriebenen staatlichen Segregationspolitik stellten auch die ausländischen Vertragsarbeitnehmer kaum eine Möglichkeit dar, umfassende Erfahrungen mit Fremden sammeln zu können.

Mit diesem ersten kurzen Blick in die Geschichte zeigt sich, dass es der einheimischen Bevölkerung spätestens seit der Machtergreifung durch die Nationalsozialisten und bis zur Wende 1989 an Erfahrungen mit Fremden mangelte, so blieb man hier weitgehend Deutscher unter Deutschen.

---

[26] Die „Russen" kamen als fremde Sieger- und Besatzungsmacht, die in der Sowjetischen Besatzungszone [SBZ] ihr eigenes diktatorisches System implementierte (vgl. Poutrus, Behrends u. Kuck 2000, S. 17). „Prägend für das Verhältnis der ersten Jahre waren die Gewalterfahrungen gegen Kriegsende, insbesondere die Massenvergewaltigungen von deutschen Frauen, wilde Plünderungen, die Vertreibung aus den Ostgebieten und die anhaltende Demontage" (ebd.), nach Jahren der nationalsozialistischen Rassenpolitik war dies sicherlich keine gute Voraussetzung für den zukünftigen Umgang mit den Fremden.

Auch diesen „eingeschränkten Erfahrungshorizont gilt es zu berücksichtigen, wenn man den Aufenthalt von Fremden und Ausländern in der DDR
betrachtet" (ebd.).

In diesem Zusammenhang verweisen viele Erklärungen darauf, dass die
Ostdeutschen mit der wachsenden Zahl der Ausländer überfordert seien,
eben weil sie keine Erfahrungen mit den Fremden sammeln konnten (vgl.
Neubacher 1994, S. 91), doch genau genommen gab es nach 1989 gar keine
merkbare Erhöhung des Ausländeranteils, zudem war dieser insgesamt so
gering [> 2 %], dass er, realistisch betrachtet, eine Überforderung mehr als
unwahrscheinlich erscheinen lässt. Überspitzt dargestellt existiert in Ostdeutschland eine „Fremdenfeindlichkeit ohne Fremde" (vgl. ebd., S. 88).
Der eingeschränkte Erfahrungshorizont mag zwar einiges erklären, zumindest bis zum Jahr 1989, danach standen den Ostdeutschen jedoch alle
Möglichkeiten offen, diese Erfahrungen zu sammeln. Die Fremdenfeindlichkeit hielt aber weiterhin unvermindert an und erreichte nie gekannte
Ausmaße. Somit liegt letztendlich die Vermutung nahe, dass die eigentlichen Ursachen der Fremdenfeindlichkeit woanders auszumachen sind. Das
Fehlen von Erfahrungen, insbesondere natürlich positiver Natur, blockiert
nicht nur den Abbau fremdenfeindlicher Einstellungen, sondern bietet ihnen weiteren Nährboden, in diesem Sinne ist hierin, eher eine nachgeord-
nete Ursache der Fremdenfeindlichkeit zu sehen.

3.3.2. Kontinuitäten

„Die politische Kultur [einer Gesellschaft] umfaßt ... die Gesamtheit aller
politisch relevanten Persönlichkeitsmerkmale sowie grundlegende Orientierungen" (Neubacher 1994, S. 147), im Fall Ostdeutschlands entsteht der
Eindruck, dass diese Kultur zu großen Teilen fremdenfeindlich geprägt ist.
So ist der „Rechtsextremismus in Ostdeutschland kein jugendspezifisches
Problem, sondern betrifft sowohl alle Altersgruppen als auch alle sozialen
Schichten ..., Dreh- und Angelpunkt ist in diesem Zusammenhang die so-
genannte Ausländerfrage ..., [die] in der Formel „Ausländer raus" zusam-
mengefasst" (Wagner 2000, S. 31) ist. Insbesondere ist festzustellen, dass
„demokratische Werte sich im Alltagsbewußtsein breiter Bevölkerungs-

gruppen nicht durchsetzen können ... , aus diesem Defizit demokratischer Alltagskultur hat sich ... mancherorts eine soziokulturelle Hegemonie rechtsextremer Werte entwickelt" (ebd.).

Die Fremdenfeindlichkeit ist gerade in Ostdeutschland kein Problem einiger sozialer und rechtsextremistischer Randgruppen, sondern eher ein gesamtgesellschaftliches Phänomen, einen Beleg dafür liefern unter anderem die zahlreichen, mit den rechten Gewalttätern sympathisierenden, ostdeutschen Bürger, z.B. bei den Progromen in Hoyerswerda und Rostock-Lichtenhagen. Dies lässt meines Erachtens folgenden Schluss zu: in Teilen der ostdeutschen Bevölkerung existieren, als Ergebnis mentaler Kontinuität, nach wie vor Denkstrukturen und Verhaltensmuster vergangener Tage, die in der DDR konserviert und vielleicht auch verfestigt wurden. Dadurch, dass es „immer wieder gelang, die jeweils letzte Epoche als abgeschlossen darzustellen, kam es regelmäßig, zuletzt 1989, zu einem unbeschwerten Neuanfang, aber vielleicht sind die Zäsuren, die mal ... Stunde Null, mal Machtergreifung, mal Wende hießen, in Wirklichkeit gar nicht so tief" (Aly 1997, S. 7). Sowohl DDR als auch BRD waren direkte Nachfolgestaaten des Dritten Reiches und damit durch „nationalsozialistische Altlasten kontaminiert", eine Stunde Null kannten beide Staaten nicht, denn „der braune Spuk brach keineswegs urplötzlich über die Deutschen herein, so wenig wie er im Mai 1945 über Nacht wieder verschwand" (ebd., S. 8) – eine Tatsache, die in der DDR jedoch niemals zur Diskussion stand.

Glaubt man dem ideologischen Selbstbild der DDR, gab es 1945 sehr wohl eine Stunde Null, jener Staat war damit kein Nachfolgestaat des Dritten Reiches mehr, sondern ein „unbeschwerter Neuanfang" (ebd., S. 7), begleitet „durch die Verleihung eines Antifaschismus a priori" (Neubacher 1994, S. 23). Hier erfolgte „keine Aufarbeitung, sondern Verdrängung der deutschen NS-Vergangenheit" (ebd.), so war von Beginn an auch „keine öffentliche Debatte, sondern ein parteioffizieller Diskurs vorherrschend, der weniger der Auseinandersetzung der eigenen Gesellschaft mit dem NS-

89

Regime als vor allem der polemischen Abgrenzung vom Westen[27] diente"
(Poutrus, Behrends u. Kuck 2000, S. 16). Für die DDR „galt das Jahr 1949
als Zeitpunkt des radikalen Neubeginns, ... das betraf die Verhaftung und
Internierung von Kriegsverbrechern und Beteiligten an Maßnahmen der
Nationalsozialisten, ... bis zum offiziellen Ende der Entnazifizierung am
10. März 1948 [wurden] insgesamt 520.000 ehemalige NSDAP-Mitglieder
aus ihren Positionen entfernt oder mit Zwangsmaßnahmen belegt, Ende
1950 hatten die Gerichte bereits 12.147 Kriegsverbrecher und Verbrecher
gegen die Menschlichkeit verurteilt" (Neubacher 1994, S. 22).[28] Nur wenige Jahre nach dem Ende des Zweiten Weltkrieges „schien auf diese Art und
Weise durch staatliche Maßnahmen, ungeachtet fortbestehender Mentalitäten oder personeller Kontinuitäten, der Faschismus endgültig besiegt"
(ebd.), damit konnte 1950 „die Phase der antifaschistisch-demokratischen-
Umwälzungen" (ebd.) für abgeschlossen erklärt werden.

Diesen Neubeginn begleitete eben jenes „Bekenntnis zur neuen antifaschi-
stischen Ordnung" (Poutrus, Behrends u. Kuck 2000, S. 16), es erscheint
jedoch mehr als „fraglich ob die rassistischen und nationalistischen Stereotype der NS-Propaganda, die in der Bevölkerung zweifelsohne verbrei-
tet waren, allein durch die gebetsmühlenartige Wiederholung des antifa-
schistischen Gründungsmythos der DDR tatsächlich aus dem Wertekanon
der Bevölkerung getilgt wurden" (ebd.). Das dem nicht so war zeigt unter
anderem das Beispiel der Nationalen Volksarmee [NVA], denn „ausge-

---

[27] Eine überzeugende Vergangenheitsbewältigung hat es auch in der BRD bis in die
60er Jahre hinein nicht gegeben, belastete Personen saßen immer noch in führenden
Positionen der Politik, Verwaltung, Wissenschaft und Justiz. Erst 1958, mit der
Gründung der „Zentrale Stelle der Landesjustizverwaltungen zur Aufklärung natio-
nalsozialistischer Verbrechen" begann die Auseinandersetzung mit der eigenen Geschichte, bis heute wurden ca. 6.500 rechtskräftige Urteile gefällt. In der BRD setzte
die Vergangenheitsbewältigung zwar erst spät ein, dafür hält sie aber bis zur Gegenwart an und wurde zunehmend auch intensiviert. (vgl. Neubacher 1994, S. 24)

[28] Die „drakonischen Säuberungen in der SBZ der unmittelbaren Nachkriegszeit gal-
ten nicht nur ehemaligen Nazis, sondern in zunehmenden Maße Gegnern der kommunistischen Herrschaft" (Poutrus, Behrends u. Kuck 2000, S. 16).

rechnet dort, wo der Staat unbedingte Loyalität erwarteten musste" (Jasch-ke, Rätsch u. Winterberg 2001, S. 194ff.) zeigten sich wiederholt rechtsex-tremistische und faschistische Tendenzen.[29] Der antifaschistische Anspruch der DDR entsprach damit keineswegs der Realität, dies belegen folgende Aussagen ehemaliger NVA-Soldaten:

„Die Unterkunft Zimmer 441 mauserte sich zum *„Führerhauptquartier"*, in der *„Minister"* zu *„Führerbesprechungen"* zusammenkamen. Zwischen Dezember 1977 und Januar 1978 tagten die *„Minister"* sechsmal. N., als *„Führer"* benannt, erklärte sich zum *„Minister für deutsche Umerziehung"*. Sein *„Stellvertreter"*, ein Soldat, fungierte als *„Minister der Luftwaffe"*, ein weiterer als *„Minister für Rassentrennung"*, ein Unteroffizier als *„Minister für Judenverbrennung und KZ-Fragen"* (zit. nach ebd.).

„Zu meiner Militärzeit in der DDR, von 1974 bis 1976, gab es eine Kompanie ..., dort war es üblich, nach 17 Uhr sich nicht mit Genosse anzureden, sondern mit SS-Dienstgraden" (zit. nach ebd.).

„Es gehörte zum üblichen Vokabular, dass dann Sprüche kamen, dass wenn man aus Glasflaschen und Klammern Bierkrüge herstellen kann, ob man dann auch aus Seife wieder Juden basteln könnte ... und wenn der Genosse Haupt-mann beim Appell vor der Kompanie stand und es gab keine Ruhe, dann wurde auch schon mal gesagt: Das ist ja hier wie in einer Judenschule" (zit. nach ebd.).

Diese und ähnliche Denkstrukturen wurden über die Jahre konserviert, weil die Bevölkerung nicht gezwungen war, sich mit der eigenen Vergangenheit kritisch auseinanderzusetzen, mehr noch, sie erhielt einen regelrechten „Freispruch" (Poutrus, Behrends u. Kuck 2000, S. 16), da „die SED wäh-rend ihrer Herrschaft stets die historische Mitverantwortung des von ihr beherrschten Teils Deutschlands für die Verbrechen des nationalsozialisti-schen Deutschland" (ebd.) bestritt, der Bevölkerung wurde somit „durch-gehend Immunität und prinzipielle Gegnerschaft gegenüber dem National-

---

[29] In der Zeit von 1965 bis 1980 registrierte die Staatssicherheit 730 rechtsextremisti-sche Vorfälle in der NVA, die Dunkelziffer dürfte nach Erkenntnissen der Gauck-Behörde jedoch weitaus höher liegen (vgl. Jaschke, Rätsch u. Winterberg 2001, S. 194).

sozialismus bescheinigt" (Schubarth u. Schmidt 1992, S. 13). Mit der
Gründung der National-Demokratischen Partei Deutschlands [NDPD] im
Jahre 1948 wurde für die ehemaligen unbelasteten Mitglieder der NSDAP[30]
zudem eine politische Alternative – unter Kontrolle der SED – geschaffen
und gleichzeitig ihre Integration vorangetrieben (vgl. Neubacher 1994, S.
23). Das primäre Ziel jener Gründung war die „Heranziehung von Faschi-
sten zum Wiederaufbau, die zur Umerziehung geeignet sind" (zit. nach
Suckut 2000, S. 62), eine Umerziehung im Sinne der Aufarbeitung ihrer
nationalsozialistischen Vergangenheit erfolgte jedoch nicht.

Als zentrale Ursache dieser mentalen Kontinuität muss in erster Linie das
Fehlen einer Vergangenheitsbewältigung angeführt werden, an diese Stelle
„trat vierzig Jahre lang der Versuch, die DDR-Bevölkerung auf die Min-
derheitenperspektive der kommunistischen Widerstandskämpfer[31] ... einzu-
schwören, die Mehrheit der Deutschen hatte die NS-Diktatur aber eher als
Unterstützer oder Mitläufer erlebt, so dass schon früh eine Lücke zwischen
den Erfahrungen und Einstellungen der Menschen und der Propaganda der
SED entstand" (Poutrus, Behrends u. Kuck 2000, S. 16). Gerade diese offensichtliche Diskrepanz verstärkte meines Erachtens die Konservierung
alter Denkstrukturen und Verhaltensmuster als eine Reaktion auf die
„Zwanghaftigkeit des Antifa-Mythos" (ebd., S. 17). Auch der deutsche Nationalismus und sein „Zusammenspiel von Geist und Macht, das zweimal
in diesem Jahrhundert im Wahn geendet hat" (Aly 1997, S. 8), fand seine

---

[30] Die Zahl dieser ehemaligen und als unbelastet eingestuften NSDAP-Mitglieder
wurde im sowjetisch besetzten Gebiet auf etwa 2 Millionen geschätzt und stellte
damit ein beachtliches Potential dar. Bis zum offiziellen Ende der Entnazifizierung
war ihnen die politische Betätigung untersagt gewesen (vgl. Suckut 2000, S. 62).

[31] Der entscheidende und für die Nationalsozialisten gefährliche Widerstand ging im
Dritten Reich jedoch von den Konservativen mit ihren Führungspositionen in Heer,
Diplomatie und Verwaltung aus, der eher „symbolische Widerstand und Unter-
grundzusammenhalt kleiner immer wieder ausgehobener und immer wieder neu ge-
bildeter kommunistischer Gruppen, menschlich gewiß respekterheischend in seiner
todesverachtenden Aussichtslosigkeit, war für Hitler ein reines Polizeiproblem"
(Haffner 1981, S. 59).

Kontinuität in der DDR. Obwohl der Nationalismus nach offiziellen Ver-
lautbarungen „durch die antifaschistisch-demokratische-Umwälzung endgültig sein Ende gefunden [hatte], ... nutzte die SED während der gesamten
Zeit ihrer Existenz nationale Legitimationsmuster" (Poutrus, Behrends u.
Kuck 2000, S. 17). In diesem Sinne appellierte die Regierung an die nationalen Gefühle der Bevölkerung, um beispielsweise auftretende Probleme
zu überspielen, die Staatsgründung wurde gar zu einem Nationsbildungs-
prozeß hochstilisiert und Begriffe wie „nationale Gemeinschaft", „nationale Identität" und „Nationalbewußtsein" wurden zu einem festen Bestandteil des Sprachschatzes (vgl. ebd., S. 17f.).[32] Was die Frage des Nationalismus betrifft, so waren beim Übergang von einem politischen System
in das andere, etwas polemisch ausgedrückt, nur einige Vokabeln auszutau-
schen (vgl. Aly 1997, o.S.). Mit diesem Nationalismus war seit jeher auch
eine „kritiklose Überhöhung des Eigenen und die exklusive Identifikation
mit dem eigenen Kollektiv" (Poutrus, Behrends u. Kuck 2000, S. 18) verbunden,[33] also Mechanismen, die „für das Gefühl und das Erlebnis, einer
ethnisch definierten Nation anzugehören, typisch sind" (ebd.) und in die-

---

[32] In der geänderten Verfassung von 1974 und in programmatischen Texten kam es zur
Tilgung des Begriffes „deutsch", er wurde durch „sozialistisch" oder „DDR" ersetzt,
dieser Schritt galt dabei keineswegs als unumstritten, in der Bevölkerung kam es zu
Diskussionen, denn die Streichung dieser Begriffe erschien vielen als unverständlich.
Erst 1976, nachdem der sozialistische Charakter der DDR im Freundschaftsvertrag mit
der UdSSR und im Parteiprogramm der SED festgeschrieben war, erfolgte die Wieder-
aufnahme und Ergänzung dieser Begriffe. (vgl. Poutrus, Behrends u. Kuck 2000, S. 18)

[33] Sowohl die kritiklose Überhöhung des Eigenen als auch die exklusive Identifikation
mit dem eigenen Kollektiv wurden durch die SED-Führung gezielt genutzt, um Ressentiments gegen andere Staaten zu schüren. So geschehen am Beispiel Polen: die SED
scheute sich im Jahre 1980 nicht, antipolnische Ressentiments direkt und indirekt zu
schüren, um Solidarisierungsversuche mit der oppositionellen Friedensbewegung „So-
lidarnosc" von Anfang an zu unterbinden. (vgl. Neubert 2000, S. 385) Einen Beleg für
diese kritiklose Erhöhung des Eigenen liefert unter anderem eine Umfrage aus den 90er
Jahren, hier stimmten ca. 11 % der befragten Jugendlichen in Sachsen und Sachsen-
Anhalt dem Statement, dass die Deutschen allen anderen Völkern überlegen seien, uneingeschränkt zu (vgl. Institut für Sozialforschung [Hrsg.] 1994, S. 43).

sem Sinne eine „chauvinistische Tradition" (Neubert 2000, S. 385) der Deutschen darstellen.

Zu diesen Gefühlen gehörten zweifelsfrei auch Patriotismus und Heimatstolz, beides Bestandteil der schulischen Erziehung[34], die den Auftrag hatte „das Bewußtsein der Verantwortung für die engere Heimat zu entwickeln ... als Beitrag für das Erstarken des Vaterlandes" (zit. nach Griese u. Marburger 1995, S. 115). Wie zu Zeiten jener nationalsozialistischen Volksgemeinschaft[35] galt die Homogenität der Gemeinschaft als erstrebenswertes Ziel, „das Eigene war kollektives Eigene und als solches streng genormt, dadurch blieb die Orientierung auf die Interessen und Maßstäbe des Kollektivs sowie die Forderung nach Anpassung an dieselben immanenter Bestandteil des politischen und moralischen Selbstverständnisses" (ebd.). Kollektive Werte, wie z.B. Arbeitsliebe, Ordnung, Sauberkeit und Bereitschaft zum Militärdienst, stimmten dabei in fataler Weise mit denen der

---

[34] Gerade in den schulischen und außerschulischen Bildungseinrichtungen fehlte oftmals, natürlich abhängig von der jeweiligen Lehrkraft, eine kritische Auseinandersetzung mit dem Nationalsozialismus, an Stelle dieser trat der Antifa-Mythos und seine Helden, es erfolgte somit eher eine ideologische Schulung als die Vermittlung einer geschichtlichen Perspektive, dementsprechend war auch der Wissensstand. Auch heute noch scheinen in diesem Zusammenhang, zum Teil Diskrepanzen zu bestehen oder wie ist es sonst zu erklären, dass beispielsweise eine ostdeutsche Abiturientin mit dem Begriff des „Antisemitismus" nichts anfangen kann oder Realschüler noch nie etwas vom Massenmord an KZ-Häftlingen in ihrer unmittelbaren Nachbarschaft [gemeint ist der Fall Isenschnibbe, hier wurden im April 1945 über 1.000 Häftlinge lebendig verbrannt] erfahren haben?

[35] Auch wenn ein direkter Vergleich zwischen dem Dritten Reich und der DDR nicht durchgeführt werden kann, so hatten beide Systeme meines Erachtens doch eines gemeinsam: das Streben nach einem homogenen Kollektiv durch die Begleitung des einzelnen von der „Wiege bis zur Bahre". In der DDR übernahmen zahlreiche Massenorganisationen, zum Teil mit eher unfreiwilliger Mitgliedschaft, diese Aufgabe, um nur einige zu nennen: Jung- und Thälmannpioniere, Freie Deutsche Jugend [FDJ], Freier Deutscher Gewerkschaftsbund [FDGB], Kampfgruppen [paramilitärische Organisation], Gesellschaft für Sport und Technik [GST], Deutsch-Sowjetische Freundschaft [DSF] etc. etc..

DDR-Rechtsextremisten überein (vgl. Poutrus, Behrends u. Kuck 2000, S. 19), dies „verdeutlicht die sozial-hygienischen Gemeinsamkeiten staatssozialistischer und rechtsextremer Leitbilder, diese Übereinstimmung war es, die eine couragierte und offene Auseinandersetzung mit dem Rechtsextremismus unmöglich machte" (ebd.).

Etwas Verblüffendes offenbaren auch neuere Erkenntnisse über das Ministeriums für Staatssicherheit [MfS], so existieren Belege für Allianzen zwischen Staatssicherheit und Rechtsextremisten im Ausland (vgl. Jaschke, Rätsch u. Winterberg 2001, S. 72).

Am Anfang der 80er Jahre entdeckten „manche der militanten Neonazis die DDR als mögliches Rückzugsland, zwei der gefährlichsten Rechtsterroristen gelingt es ... die Stasi im Kampf gegen den gemeinsamen Feind – den bundesdeutschen Imperialismus und den zionistischen Staat Israel – einzuspannen" (ebd.).

Mit diesem zweiten Blick auf die Geschichte zeigt sich meines Dafürhaltens eines relativ deutlich: Denkstrukturen und Verhaltensmuster vergangener Tage haben, als mentale Kontinuität konserviert, in der DDR überleben können. Ohne „den kritischen Blick zurück in die DDR aber wird nicht klar, welches Denken jetzt bei einem großen Teil der ostdeutschen Bevölkerung vorherrscht" (Poutrus, Behrends u. Kuck 2000, S. 21), denn es ist eine Illusion anzunehmen, dass mit der Wende 1989 diese Kontinuität aufgehört hat zu existieren. Diese Kontinuität aber, bereitet der Fremdenfeindlichkeit, als einer spezifischen Form des Umgangs mit dem Fremden den Weg und bestimmt damit über die Art und Weise des Fremdseins in Ostdeutschland. An dieser Stelle wird die Frage der Erfahrung noch einmal relevant, denn sie ist es letztendlich, die mit darüber entscheidet, ob jene Kontinuität aufgebrochen wird oder aber weiterhin bestehen bleibt.

3.3.3. Anmerkungen

Der nun vorliegende Erklärungsversuch betrachtet die Fremdenfeindlichkeit aus einer geschichtlichen Perspektive heraus und zeigt damit auch eine mögliche Ursache dieser auf. Hierbei handelt es sich jedoch um eine ein-

dimensionale Erklärung, die keineswegs den Anspruch auf Allgemeingültigkeit erhebt, sondern in erster Linie als ein Beitrag zur immer noch aktuellen Rechtsextremismusdiskussion verstanden werden soll.

Gleichermaßen ist es nicht meine Absicht, allen Ostdeutschen jene mentale
Kontinuität und somit auch Fremdenfeindlichkeit zu unterstellen. Nichts
desto trotz bleibt aber festzuhalten, dass fremdenfeindliche Einstellungen
und Verhaltensmuster in großen Teilen der Bevölkerung latent vorhanden
sind und so trat nach der Wende auch „das Unsägliche, das ein fünftel der
Bevölkerung auch bisher gedacht haben mag, aber nicht öffentlich geäußert
hat, über die Ufer" (Neubacher 1994, S. 149). In einer kritischen Auseinandersetzung mit diesem Erklärungsversuch könnte man nun durchaus zu
dem Schluss kommen, dass heute, fast 12 Jahre nach der Wiederverei-
nigung, diese Kontinuität aufgehört hat zu existieren. Eine grundlegende
Voraussetzung hierfür wäre aber die konsequente Durchsetzung demokratischer Werte im Alltagsbewußtsein breiter Bevölkerungsgruppen, doch nach
wie vor ist, in Ostdeutschland ein Defizit an demokratischer Alltagskultur
zu beklagen (vgl. Wagner 2000, S.30), insbesondere aber „zivilgesell-
schaftliche Strukturen, die sich direkt für ... menschenrechtliche Standards
engagieren" (ebd.), sind kaum vorhanden. Und so ist es auch weiterhin
möglich, dass jene mentale Kontinuität „über Sozialisierungsprozesse an
die [jeweils] jüngere Generation weitergegeben" (Neubacher 1994, S. 149)
wird.

Dieser Erklärungsversuch kann natürlich nicht alle Ursachen der Fremdenfeindlichkeit aufzeigen, aus diesem Grund möchte ich nun noch auf einige
andere, mir wichtig erscheinende, Erklärungen verweisen.

Einige Wissenschaftler und Politiker[36] sehen die Ursachen der Fremdenfeindlichkeit unter anderem im Zusammenhang mit dem Transformationsprozess der Ostdeutschen vom politischen System der DDR in das der
BRD. Dieser Transformation, so die Idee, sehen sich viele der ehemaligen

---

[36] In ähnlicher Weise äußerte sich unter anderem der derzeitige Bundestagspräsident
Wolfgang Thierse in einer öffentlichen Rede (Quelle unbekannt).

DDR-Bürger hilflos ausgesetzt, sie fühlen sich wirtschaftlich und sozial durch die Westdeutschen übervorteilt, zum Teil zu Befehlsempfängern der „Wessis" degradiert und damit als „Bürger zweiter Klasse". Durch diese Hilflosigkeit werden die Gefühle gegenüber den Westdeutschen auf die noch hilfloseren Fremden projiziert und finden Ausdruck in der Fremdenfeindlichkeit.

Diese Erklärung beinhaltet meines Erachtens sehr viel Wahrheit, denn nach wie vor sind Ost- und Westdeutschland weit von einem Deutschland entfernt, vielleicht auch deshalb, weil zu viele Menschen in den neuen Bundesländern, immer noch in einer anderen Zeit zu verharren scheinen? Dennoch kann die Existenz genereller sozialer Unterschiede zwischen Ost- und Westdeutschen natürlich nicht geleugnet werden, diese äußern sich, so hat es zumindest den Anschein, in einer Art „Hackordnung", in der die Fremden, in Entsprechung jener chauvinistischen Tradition und mentaler Kontinuität, das letzte und schwächste Glied sind. Eines aber kann diese Erklärung nicht leisten: eine Benennung der Gründe für die Fremdenfeindlichkeit in der DDR.

Auch Heitmeyer setzte in den 80er und 90er Jahren auf soziale Unterschiede als eine Ursache der Fremdenfeindlichkeit. An dem Stichwort „Risikogesellschaft" (vgl. dazu Beck 1986) anknüpfend, schlussfolgerte Heitmeyer: „wo Jugendlichen der Zugang zur ökonomischen Selbständigkeit versagt wird, weil sie arbeitslos werden oder davon bedroht sind, da stellen sich ... Identitätsprobleme ein, die häufig durch den Rückgriff auf vormoderne Gewissheiten gemeistert werden, entweder greifen Jugendliche dann auf rechtsextremistische Ideologien der Ungleichheit zurück ... oder setzen sich gegen Andere mit Gewalt durch" (vgl. Heitmeyer 1992a, S. 29ff., zit. nach König 1998, S. 279). „Bereits Heitmeyers eigene Untersuchung widerlegt indessen seine Theorie, denn sie kommt zu dem Ergebnis, dass die Jugendlichen, die über den Einstieg in einen Ausbildungsplatz sozial und beruflich integriert waren, ausgeprägter rechtsextremistische und fremdenfeindliche Positionen vertraten als andere, die über eine solche Sicherheit nicht verfügten" (vgl. Heitmeyer 1992b, S. 154ff., zit. nach Pfahl-Traughber 2000b, S. 103). Dieses Ergebnis wird zudem durch mehrere Studien untermauert, die belegen, dass „etwa Jugendliche mit einem sicheren Arbeitsplatz eher rechtsextremistische Positionen vertreten, als Jugendliche, die auf der sozialen Leiter ganz unten stehen" (ebd.). Obwohl nun diese These Heitmeyers als eindeutig widerlegt gilt, so wird die hohe Arbeitslosigkeit in Ostdeutschland immer noch und immer wieder als die hauptsächliche Ursache für Rechtsextremismus und Fremdenfeindlichkeit angeführt.

Mit den bisherigen Ausführungen wurden mögliche Ursachen der Fremdenfeindlichkeit betrachtet, nicht aber die Auslöser der damit verbundenen Gewalt, dies war allerdings auch nicht das Ziel dieser Arbeit. Die Fremdenfeindlichkeit äußert sich in vielerlei Weise, natürlich auch gewaltsam, doch warum kommt es eigentlich zur Gewalt?

Der Soziologe Oevermann stellte hierzu beispielsweise folgende Thesen auf:

„Die Gewalt-Kriminalität gegen Ausländer ist in der übergroßen Mehrzahl nicht Folge genuin politischer rechtsextremer Überzeugungen und Strategien, sondern Ausdruck von etwas ganz anderem" (Oevermann 1998, S. 86). In diesem Zusammenhang erfolgen symbolische Anleihen an die nationalsozialistische Zeit und eine rechtsextremistische Begründung der Gewalttaten, da „diese ethisch und sittlich in der Bundesrepublik aufgrund der deutschen Geschichte in besonderem Maße widerwärtig und bösartig sind und einen außerordentlich hohen Provokationswert haben" (ebd., S. 98). Das Mittel der Provokation „paart sich mit einer deutlich angestiegenen Gewaltbereitschaft ... bei der jetzigen Adoleszenten-Generation scheint eine besorgniserregende Lockerung allgemeiner elementarer sittlicher Bindungen und ein Verlust in der Kontrolle der Gewaltbereitschaft vorzuliegen" (ebd., S. 103). Oevermann schlägt für die Erklärung der erhöhten Gewaltbereitschaft „allgemeine generationsspezifische sozialisatorische Defizite im Elternhaus und im Umfeld, [die] Folgewirkungen der fortschreitenden Säkularisierung und Enttraditionalisierung der Gesellschaft [und das] Verschwinden von sozial integrierten Anlässen für peer-group-artige adoleszente Vergemeinschaftungen, in denen die Aggressionsregulierung in der Adoleszenzkrise eingeübt werden kann" (ebd., S. 103f.) vor. Zusammenfassend sieht Oevermann den Rechtsextremismus bei Jugendlichen also nicht ideologiekritisch sondern „primär als Ausdruck moralisch und ethisch defizitärer Adosleszenzkrisen-Bewältigung" (ebd., S. 124).

Mit der aufgezeigten Trennung von Gewalt und politischem Hintergrund ergibt sich eine neue Perspektive, die insgesamt schlüssig ist und für einen Teil der Jugendlichen sicherlich zutreffen mag, da viele der Gewalttäter lediglich Mitläufer ohne eine feste ideologische Bindung an den Rechtsextremismus sind. Gerade in Ostdeutschland zeigen sich auch die beschriebenen „Sozialisationsmängel" besonders deutlich, denn mit der Wende erfolgte der ersatzlose Wegfall der staatlichen Sozialisationsmaßnahmen, infolgedessen heute in vielen Elternhäusern, eine Überforderung zu beobachten ist.

Dennoch kann meines Erachtens die Existenz eines ideologischen Hintergrundes der Gewalt nicht generell ausgeschlossen werden, im anderen Fall wären fremdenfeindliche Gewalttaten nämlich nur ein Akt der Provokation und genau dies sind sie eben nicht. Auch wenn die eigentlichen Täter Jugendliche sind, so ist das dahinterstehende Motiv der Fremdenfeindlichkeit kein Generationsproblem (vgl. Wagner 2000, S. 30). Davon ausgehend halte ich die These einer „Verwahrlosung der Jugend", wie sie in ähnlicher Weise bei Oevermann zu finden ist, für überzogen, denn dieses Urteil fällte bisher noch jede Generation über ihre Jugend oder, um es mit den Worten Wilhelm Buschs auszudrücken: „Ja, so ist die Jugend heute, schrecklich sind die Jungen Leute" (zit. nach Farin 2001, S. 9), ein Urteil, das einst schon Sokrates kritisierte.

Mit diesen Erklärungen für Fremdenfeindlichkeit, Rechtsextremismus und Gewalt liegen nun drei Beispiele aus einer „Vielzahl von Deutungsmustern [.], die sich zum Teil widersprechen und wechselseitig ausschliessen" (Butterwege 2000, S. 13) vor.

Eine allgemeingültige Erklärung, die alle Aspekte dieser Thematik berücksichtigt, kann es nicht geben, denn die einzelnen Deutungsangebote sind immer an eine bestimmte Situation oder an einen bestimmten Kontext gebunden, sie stellen jedoch die Grundlage von Diskussionen und auch Lösungsansätzen dar – eine kritische Betrachtung darf hier natürlich nicht ausbleiben.

4. Abschließende Gedanken

Als Resümee lässt sich an dieser Stelle festhalten: Das Fremdsein muss als inter- und intrakulturelle Normalität begriffen werden. Fremd ist dabei immer der, der auf eine etablierte Raumzeitwelt trifft, in diese „eindringt" und infolgedessen eine potentielle Gefahr für die dort etablierte Normalität darstellt. Dieser Gefahr wird in der Regel mit dem Ausschluss des Fremden, gleich welcher Art, begegnet und führt damit zu dessen Fremdsein, dieser Zustand des Fremdseins kann jedoch auch überwunden werden.

Art und Weise des Ausschlusses sind immer in Abhängigkeit von Kontext und Situation der jeweiligen Raumzeitwelt zu betrachten. Eine spezifische Form des Umgangs mit dem Fremden stellt die Fremdenfeindlichkeit dar. Diese können wir überall finden, so natürlich auch in Deutschland, doch existiert hier ein signifikanter Unterschied bezüglich fremdenfeindlicher Straf- und Gewalttaten zwischen Ost und West. Dieser Unterschied zuungunsten der neuen Bundesländer muss Ursachen haben. Eine mögliche Erklärung für diese anscheinend latent existierende Fremdenfeindlichkeit in Teilen der ostdeutschen Bevölkerung ergibt sich aus der geschichtlichen Perspektive heraus. Als Ergebnis einer mentalen Kontinuität wurden Denkstrukturen und Verhaltensmuster vergangener Tage in der DDR konserviert und vielleicht auch verfestigt, auch heute noch können diese über Sozialisationsprozesse an nachfolgende Generationen weitergegeben werden. Dieser Erklärungsversuch besitzt keine Allgemeingültigkeit und unterstellt keineswegs allen Ostdeutschen eine mentale Kontinuität und somit auch Fremdenfeindlichkeit, gleichermaßen handelt es sich hier nicht um ein rein ostdeutsches Problem.

Einige Aspekte, wie z.B. eine Erklärung für das Gewaltpotential, konnten nur am Rande Beachtung finden, doch dies sollte der Arbeit keinen Abbruch tun, da naturgemäß nicht alles Berücksichtigung finden kann. An vielen Stellen ergibt sich somit aber auch die Möglichkeit einer weiterführenden Arbeit. Nichts desto trotz leisten die nun vorliegenden Ausführun-

gen hoffentlich einen sinnvollen Beitrag zu der jederzeit aktuellen Rechtsextremismusdiskussion.

Mit dieser Diskussion sind auch Lösungsansätze und Forderungen verknüpft, viele mögen dabei zunächst trivial erscheinen, so vielleicht auch
jene Idee des Mainzer Bischofs Lehmann, er äußerte sich folgendermaßen:
„Das Fremde ist ein Geheimnis, das sich nur im Dialog, in der Begegnung
und im achtsamen Umgang miteinander erschließt. Es braucht das Ge-
spräch und den Dialog der Kulturen und der Religionen miteinander, es
braucht den geistigen Austausch, um Unterschiede anzuerkennen" (Lehmann Bischof von Mainz 2001, S. 5). Diese Idee ist so einfach und doch
bleibt sie vermutlich eine Illusion, da die nötigen Voraussetzung nämlich
nicht existieren, ein „Aufeinanderzugehen" erfordert mehr als das Engage-
ment einiger, es bedarf des Konsenses aller Beteiligten. Für Ostdeutschland
bedeutet dies unter anderem, dem Defizit an demokratischer Alltagskultur,
das sich gerade wieder im Rahmen der Landtagswahl in Sachsen-Anhalt
zeigte, entgegenzutreten und auch Erfahrungen mit Fremden zuzulassen.
Wenig hilfreich sind dabei Äußerungen wie „das kleine dumme deutsche
Schwein will wieder die nationale Sau rauslassen" (Zwerenz 1993, S. 5)
oder „der Stolz auf Deutschland ist das Bekenntnis zum Einzel- und Massenmord" (ebd.), auf solche Statements kann getrost verzichtet werden,
denn sie haben, nichts Produktives beizusteuern, vielmehr noch, sie lähmen
jede differenzierte und kritische Auseinandersetzung.

Literatur

Aly, Götz: Macht, Geist, Wahn. Kontinuitäten deutschen Denkens, Frankfurt am Main 1997

Arning, Matthias: Was ist radikal, was ist extrem? Rechte Gesinnungen – Einige Definitionsversuche, in: Das Parlament, Jhrg. 50, Nr. 39, Berlin 2000, S. 2

Beck, Ulrich: Risikogesellschaft. Auf den Weg in eine andere Moderne. Frankfurt am Main 1986

Berger, Almuth: Die Ausländerpolitik der DDR im Spannungsfeld von ideologischem Anspruch und Sicherheitsbedürfnissen, in: Bundeszentrale für politische Bildung [Hrsg.]: Tagungsbericht Ausländerpolitik in der DDR am Beispiel der Vertragsarbeiter, Berlin 1998, o.S.

Borchers, Andreas: Neue Nazis im Osten. Rechtsradikalismus und Ausländerfeindlichkeit, Hintergründe, Fakten, Perspektiven, München 1993

Bundesamt für Verfassungsschutz [Hrsg.]: Rechtsextremismus in Deutschland. Ein Lagebild zu Beobachtungsschwerpunkten des Verfassungsschutzes, Köln 2000a

Bundesamt für Verfassungsschutz [Hrsg.]: Verfassungsschutz gegen Rechtsextremismus. 2000b, Online im Internet: <www.verfassungsschutz.de/arbeitsfelder/rechts/page.html> (Stand 21.01.2002)

Bundesministerium des Innern [Hrsg.]: Verfassungsschutzbericht 1992, Bonn 1993

Bundesministerium des Innern [Hrsg.]: Verfassungsschutzbericht 1993, Bonn 1994

Bundesministerium des Innern [Hrsg.]: Verfassungsschutzbericht 1994, Bonn 1995

Bundesministerium des Innern [Hrsg.]: Verfassungsschutzbericht 1995, Bonn 1996

Bundesministerium des Innern [Hrsg.]: Verfassungsschutzbericht 1996, Bonn 1997

Bundesministerium des Innern [Hrsg.]: Verfassungsschutzbericht 1997, Bonn 1998

Bundesministerium des Innern [Hrsg.]: Verfassungsschutzbericht 1998, Berlin 1999

Bundesministerium des Innern [Hrsg.]: Verfassungsschutzbericht 1999, Berlin 2000

Bundesministerium des Innern [Hrsg.]: Verfassungsschutzbericht 2000, Berlin 2001

Butterwegge, Christoph: Entschuldigungen oder Erklärungen für Rechtsextremismus, Rassismus und Gewalt? – Bemerkungen zur Diskussion über die Entstehungsursachen eines unbegriffenen Problems, in: Butterwegge, Christoph u. Lohmann, Georg [Hrsg.]: Jugend, Rechtsextremismus und Gewalt. Analysen und Argumente, Opladen 2000, S. 13-36

Dostojewskij, Fjodor M.: Erzählungen, Stuttgart o.J.

Elias, Norbert u. Scotson, John L.: Etablierte und Außenseiter, Frankfurt am Main 1990

Fahr, Margitta-Sybille: Germania musste es sein, vor allem deutsch und rein. Symbolsprache und Kennzeichen der Rechten, in: Das Parlament, Jhrg. 50, Nr. 39, Berlin 2000, S. 9

Farin, Klaus: generation-kick.de. Jugendsubkulturen heute, Bundeszentrale für politische Bildung [Hrsg.] München 2001

Feige, Michael: Vietnamesische Studenten und Arbeiter in der DDR und ihre Beobachtung durch das MfS. Sachbeiträge 10, Magdeburg 1999

Freie und Hansestadt Hamburg. Behörde für Inneres. Landesamt für Verfassungsschutz [Hrsg.]: Rechtsextremismus in Stichworten. 2001, Online im Internet: <www.hamburg.de/Behoerden/LfV/publika/download.htm> (Stand 18.01.2002)

Fromm, Rainer: Am rechten Rand. Lexikon des Rechtsradikalismus, Marburg 1994, 2. Aufl.

Funke, Manfred: Extremismus und offene Gesellschaft, in: Funke, Manfred [Hrsg.]: Extremismus im demokratischen Rechtsstaat, Düsseldorf 1978, o.S.

Gennep, Arnold van: Die Übergangsriten, in: Schmitz, Carl August [Hrsg.]: Religionsethnologie, Frankfurt am Main 1964, S. 374-389

Goffman, Erving: Stigma. Über die Techniken der Bewältigung beschädigter Identität, Frankfurt am Main 1996, 12. Aufl.

Griese, Christiane u. Marburger, Helga: Zwischen Internationalismus und Patriotismus. Konzepte des Umgangs mit Fremden und Fremdheit in den Schulen der DDR, Frankfurt am Main 1995

Haffner, Sebastian: Anmerkungen zu Hitler, Frankfurt am Main 1981

Heitmeyer, Wilhelm u.a.: Die Bielefelder Rechtsextremismusstudie. Erste Langzeituntersuchung zur politischen Sozialisation männlicher Jugendlicher, München 1992a

Heitmeyer, Wilhelm: Rechtsextremistische Orientierungen bei Jugendlichen. Empirische Ergebnisse und Erklärungsmuster einer Untersuchung zur politischen Sozialisation, München 1992b, 4. Aufl.

Institut für Sozialforschung [Hrsg.]: Rechtsextremismus und Fremdenfeindlichkeit. Studien zur aktuellen Entwicklung, Frankfurt am Main 1994

Jaschke, Hans-Gerd; Rätsch, Birgit u. Winterberg, Yury: Nach Hitler. Radikale Rechte rüsten auf, München 2001

Jaspers, Dirk: Ausländerbeschäftigung in der DDR, in: Krüger-Potratz, Marianne: Anderssein gab es nicht. Ausländer und Minderheiten in der DDR, Münster 1991, o.S.

Jugendwerk der Deutschen Shell [Hrsg.]: Jugend 2000. 13. Shell Jugendstudie, Opladen 2000

Ködderitzsch, Peter u. Müller, Leo A.: Rechtsextremismus in der DDR, Göttingen 1990

König, Hans-Dieter: Arbeitslosigkeit, Adoleszenzkrise und Rechtsextremismus. Eine Kritik an der Heitmeyerschen Sozialisationstheorie aufgrund einer tiefenhermeneutischen Sekundäranalyse, in: König, Hans-Dieter [Hrsg.]: Sozialpsychologie des Rechtsextremismus, Frankfurt am Main 1998, S. 279-319

Krüger-Potratz, Marianne: Anderssein gab es nicht. Ausländer und Minderheiten in der DDR, Münster 1991

Lehmann Bischof von Mainz, Kardinal Karl: Werbeanzeige für die Lufthansa, in: Die Zeit, Jhrg. 56, Nr. 48, Hamburg 2001, S. 5

Lölhöffel, Helmut: Zum Thema, in: Das Parlament, Jhrg. 50, Nr. 39, Berlin 2000, S. 1

Marburger, Helga [Hrsg.]: „Und wir haben unseren Beitrag zur Volkswirtschaft geleistet" – eine aktuelle Bestandsaufnahme der Situation der Vertragsarbeitnehmer der DDR vor und nach der Wende, Berlin 1993

Massaquoi, Hans Jürgen: Neger, Neger, Schornsteinfeger. Meine Kindheit in Deutschland, München 1999

Militärgeschichtliches Forschungsamt [Hrsg.]: Handbuch der deutschen Militärgeschichte, München 1979

Ministerium des Innern des Landes Sachsen-Anhalt [Hrsg.]: Verfassungsschutzbericht 2000, Magdeburg 2001

Neubacher, Frank: Jugend und Rechtsextremismus in Ostdeutschland. vor und nach der Wende, Bonn 1994

Neubert, Ehrhardt: Geschichte der Opposition in der DDR 1949-1989, Bundeszentrale für politische Bildung [Hrsg.], Bonn 2000, 2. Aufl.

Oerter, Rolf u. Montada, Leo [Hrsg.]: Entwicklungspsychologie, Weinheim 1987, 2. Aufl.

Oevermann, Ulrich: Zur soziologischen Erklärung und öffentlichen Interpretation von

Phänomenen der Gewalt und des Rechtsextremismus bei Jugendlichen. Zugleich eine Analyse des kulturnationalen Syndroms, in: König, Hans-Dieter [Hrsg.]: Sozialpsychologie des Rechtsextremismus, Frankfurt am Main 1998, S. 83-125

Pfahl-Traughber, Armin: Die Entwicklung des Rechtsextremismus in Ost- und Westdeutschland, in: Aus Politik und Zeitgeschichte, Beilage zur Wochenzeitung Das Parlament, Jhrg. 50, Nr. 39, Bonn 2000a, S. 3-4

Pfahl-Traughber, Armin: Rechtsextremismus in der Bundesrepublik, München 2000b, 2. Aufl.

Poutrus, Patrice G.; Behrends, Jan C. u. Kuck, Dennis: Historische Ursachen der Fremdenfeindlichkeit in den neuen Bundesländern, in: Aus Politik und Zeitgeschichte, Beilage zur Wochenzeitung Das Parlament, Jhrg. 50, Nr. 39, Bonn 2000, S. 15-21

Runge, Irene: Ausland DDR. Fremdenhass, Berlin 1990

Schill-Partei Sachsen-Anhalt [Hrsg.]: Schill Aktuell. Zeitung der Schill-Partei Sachsen-Anhalt, März 2002

Schiller, Friedrich von: Die Verschwörung des Fiesco von Genua, in: Hinderer, Walter [Hrsg.]: Schillers Dramen, Stuttgart 1997, o.S.

Schröder, Burkhard: Fascho-Scheitel und Lied vom Schäferhund. Wie die Jugendkultur Symbole verwandelt und verwendet, in: Das Parlament, Jhrg. 50, Nr. 39, Berlin 2000, S. 9

Schubarth, Wilfried u. Schmidt, Ronald: Sieger der Geschichte. Verordneter Antifaschismus und seine Folgen, in: Heinemann, Karl-Heinz u. Schubarth, Wilfried [Hrsg.]: Der antifaschistische Staat entläßt seine Kinder. Jugend und Rechtsextremismus in Ostdeutschland, Köln 1992, o.S.

Schütz, Alfred: Der sinnhafte Aufbau der sozialen Welt. Eine Einleitung in die Verstehende Soziologie, Frankfurt am Main 1993, 6. Aufl.

Simmel, Georg: Das individuelle Gesetz: philosophische Exkurse, Landmann, Michael [Hrsg.], Frankfurt am Main 1987

Staud, Thoralf: Nazis sind chic. Und der Osten ist brauner als es viele Politiker wahrhaben wollen, in: Die Zeit, Jhrg. 56, Nr. 8/2001a, o.S.

Staud, Thoralf: Die Nestbeschmutzer. Wo die Mitte der Gesellschaft braun schillert, gilt es als linksradikal, wer das Grundgesetz verteidigt, in: Die Zeit, Jhrg. 56, Nr. 28/2001b, o.S.

Stöss, Richard: Ideologie und Strategie des Rechtsextremismus, in: Schubarth, Wilfried u. Stöss, Richard [Hrsg.]: Rechtsextremismus in der Bundesrepublik Deutschland. Eine Bilanz, Bundeszentrale für politische Bildung [Hrsg.], Bonn 2000, S. 101-130

Straub, Jürgen; Garz, Detlef u. Krüger, Heinz-Hermann: Begegnung mit dem Fremden: Einführung in den Themenschwerpunkt, in: Zeitschrift für qualitative Bildungs-, Beratungs- und Sozialforschung, Nr.1/2001, S. 3-13

Suckut, Siegfried: Parteien in der SBZ/DDR 1945-1952, Bundeszentrale für politische Bildung [Hrsg.], Bonn 2000

Tönnies, Ferdinand: Gemeinschaft und Gesellschaft. Grundbegriffe der reinen Soziologie, Darmstadt 1991, 3. Aufl.

Turner, Victor: Das Ritual. Struktur und Antistruktur, Frankfurt am Main 1989

Wagner, Bernd: Zur Auseinandersetzung mit Rechtsextremismus und Rassismus in den neuen Bundesländern, in: Aus Politik und Zeitgeschichte, Beilage zur Wochenzeitung Das Parlament, Jhrg. 50, Nr. 39, Bonn 2000, S. 30-39

Wicht, Holger: Rechte Symbole als Fetisch – schwule Skinheads provozieren mit NS-Insignien. Homosexualität – getarnt durch Outfit-Virilität, in: Das Parlament, Jhrg. 50, Nr. 39, Bonn 2000, S. 7

Willeke, Stefan: Eine Sühneengel in Sankt Georg. Mit dem Rechtspopulisten Ronald Schill unterwegs im Hamburger Bahnhofsviertel – dort, wo er als Innensenator aufräumen will, in: Die Zeit, Jhrg. 56, Nr. 37/2001, S. 13-16

Winkler, Jürgen R.: Rechtsextremismus. Gegenstand – Erklärungsansätze – Grundprobleme, in: Schubarth, Wilfried u. Stöss, Richard [Hrsg.]: Rechtsextremismus in der Bundesrepublik Deutschland. Eine Bilanz, Bundeszentrale für politische Bildung [Hrsg.], Bonn 2000, S. 38-68

Zinn, Holger: Ein Herz und eine Seele. 2001, Online im Internet: <www.holgerzinn.de/ein_herz_und_eine_Seele.htm> (Stand 20.01.2002)

Zwerenz, Gerhard: Rechts und dumm? Hamburg 1993

www.ingramcontent.com/pod-product-compliance
Lightning Source LLC
Chambersburg PA
CBHW022327280326
41932CB00010B/1258